애도 일기

사별한 아들을 그리며 쓴
엄마의 일기장

애도 일기

안순종 지음

좋은땅

'애도 일기'에 부치는 감사의 글

내가 보내지 않았는데
사랑하는 아들이 우리 곁을 떠났습니다.
그렇게 좋아하던 음악도 그만두었습니다.

함께 공연했던 사람들
박수 치며 들어 준 관객
그토록 아끼던 악기들
모두가 서러워 웁니다.

태어나 처음으로 당한
슬픔의 충격으로
벌벌 떨고 있을 때~
무서운 상실감이 몰려와
두려워 휘청거릴 때~

마음과 손을 꼭 잡아 주시고
따스한 위로와 격려 덕분에
다시 일어나 함께 걸어나갈
마음의 힘을 만들어 봅니다.

일호가 홀로 있다는 게
믿기지 않아서
대답 없는 이름을 부르며
그 산으로 발길을 옮길 때

피기도 전에 져 버린
꽃망울이 가여워
가슴이 화끈거리고
울컥울컥 눈물이 나도

전해 주신 고귀한 사랑은
마음에 생긴 피멍에
신비로운 명약이 되어
멈춰 버린 오월에서 나와
유월로 가는 힘을 얻게 합니다.

또~ 저희에게 보여 주신
따뜻한 격려와 위로처럼
저 역시 아픈 누군가가
안정을 찾아갈 수 있도록
따뜻한 위로의 기억
새기며 살아야 하기에

긴 아픔을 딛고
아들이 추구했을

조화로운 음악 같은
아름다운 관계를 위해
마지막 힘을 내 보려고 합니다.

일호가 못다 한 아쉬운 꿈 대신
남은 우리와 친구들이 계획한 고운 꿈이 모두 이루어지도록
일호도 저세상에서 희망의 공연을 계속할 것이라고
믿어 봅니다.

갑자기 닥친 슬픔의 자리가 더 길지 않게 위로해
주시고 도와주셔서 고마운 마음 표현할 길이 없이
고마움을 오래 간직하고 싶어 여기에 적었습니다.

따뜻한 손길과 사랑의 발걸음, 어려운 길 함께해 주신 목사님 친구,
지인 함께 울어 주시고 힘이 되어 주신- 가족과 친척, 스님, 화랑, 동
생 부부, 사장님. 고마운 친구분들과 영화감독님,
연극, 공연, 무용, 전시. 배우. 가수. 촬영 감독님~ 영화음악을
함께 하셨던 예술 가족과 사랑을 전해 주신 선생님께
음악만을 마주하다가 홀연히 떠나간 아들을 대신하여
감사의 마음을 전해 드립니다.

장일호 엄마 안순종
아빠 장중근
아내 정성주 드림

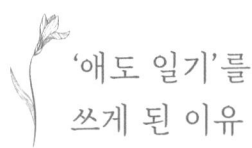

'애도 일기'를 쓰게 된 이유

1. 소중한 추억을 마음에 새겨 안아 주려고 합니다.
갑작스러운 이별에- 함께했던 시간이 그리워
보이지도 들리지도 않고 일을 할 수도 없습니다.
음악에 대한 꿈과 현실 사이에서 갈등하며
아름다운 음악의 끝을 슬픔으로 표출시킨
그 아픔의 흔적을 기억하며 따라가 봅니다.

이렇게 써 본 적이 없어 문학의 형식보다
눈발처럼 날아드는 상실의 통증에
그동안의 고마움으로 채워 가면서

굳어 가는 마음을 희망의 음악 속에서
삶의 의미를 찾아보려고 몸부림쳤을 아들에게
부끄러워지고 싶어 '애도 일기'를 쓰기 시작했습니다.

2. 미안한 마음을 전해 주려고 합니다.
잠깐의 만남과 한순간 보이지 않는 아들
믿기지 않아서- 인정할 수 없어서
대답 없는 이름을 부르며 산으로 바다로 거리로

아들의 자취를 찾아 여기저기 헤맸습니다.

곳곳을 헤매고 다닐수록
미안한 마음이 터지고 부서져
하늘빛으로 향해 갑니다.

그 마음을 한데 모아 길게 늘여
하늘나라의 아들과 소통하는 편지
나 자신을 위로하는 '애도 일기'

시간이 흘러
그리움의 앙금은 가라앉고
맑은 슬픔의 방울만

그 슬픔의 감정도
흐르다 보면
너와 나의 가슴을
투명하게 해 줄 것 같아
전하고 싶은 미안한 마음을
날리기도 하고- 나눠 보려고도 합니다.

3. 함께 좋은 방향의 길을 바라보려고 합니다.
이 세상의 끝에서
제 세상의 끝으로 띄우는 편지
햇살 타고

바람으로 스며
어딘가로 전해질 것 같아

아들과의 추억을 모아
그리움의 별로 띄우는 편지

고마움과 사랑을 담아
슬픔을 녹여 내는
부족했던 엄마의
반성 일기!
~
애도 일기!
함께해 온 시간의 매듭을 일기 글에 담아
마주 보며 얘기하듯 적은 것을 1주년 기일에
아들 가까이 전해 주려고 묶어 보았습니다.

차례

'애도 일기'에 부치는 감사의 글 · 004
'애도 일기'를 쓰게 된 이유 · 007

엄마의 수레 · 014
중병 같은 애도의 단계 · 017
2024년 그해 오월 · 020
49재 - 막재 · 025
애도의 시작 · 030
가시나무 새 · 032
SNS. 인스타. 페북. 친구에게 · 035
음악 친구들 · 038
기도 · 041
보이는 듯이 · 044
콩 벌레 · 047
아가야, 이제는! · 050
그때 말할 걸, 절에 가서 말하네 · 055
낙산사에서 · 058
새아가야! 우리는! · 061
출구는 어디 · 064
<.> 간의 문제 · 066
열쇠 · 069
야속한 바코드 · 072
아침 · 075

화살 · 078
운전의 한계 · 081
잠자리와 소년 · 083
감옥 · 086
첫 벌초 · 089
이별 공부 · 092
몰래 한 음악 · 095
음악작업실 가는 길 · 098
아픔을 준 것은 · 101
보광사 '이별 합창단' · 104
꽃이 되어 맞을게 · 107
무게 · 110
입학 · 113
아이와 나 · 116
괜찮아 · 119
공연 · 122
상속 · 125
생일날 · 128
엄마 산소 · 131
마산봉 추억 · 134
스님을 만나면 · 137
마지막 생일문자 · 140
그리움의 별 · 143

달빛 그림자 • 146

맨발 맨땅 • 149

전쟁 • 152

연 • 155

나쁜 독감 • 158

낭떠러지 • 162

파도 • 164

아픈 눈 • 167

아픈 발목 • 170

여행길 • 172

놀이터 • 175

한정품 • 178

백일 (백재) • 181

마지막 악기 짐 • 184

대포항 부둣가에서의 '점괘' • 187

향기 • 189

메멘토 모리 • 192

가을의 빛깔 • 195

악기 방 • 198

'브라더 후드' 카페의 커피 향기 • 200

유효기간 • 202

아들이 사랑한 영화음악 • 205

주인 없는 작업실 • 208

거기까지 • 210

방을 닦아요 • 213

사진 • 216

깜빡깜빡 • 219

대나무 • 222

이별의 빛깔 • 225

콩나물시루 • 227

약분 • 229

둔덕 • 232

마지막 배웅 • 235

섣달그믐날 • 238

달력 • 241

운전 • 244

후회 • 247

○○ 결혼식 • 250

논문 책 • 252

행복의 소리 • 255

저녁 바다와 별 • 257

춤 • 260

과외공부 • 262

함께 부른 노래 '큐' • 265

거품 놀이 • 268

그 말 '엄마' • 270

시나브로 · 273
탁구 · 276
소방안전관리자 교육 · 278
3천 년 된 고목 앞에 서서 · 281
쑥밭 · 284
아마도 · 287
천천히 가지 · 290
고구마 · 293
자동차 · 297
플루트 · 300
침묵 · 303
발 · 306
관계 · 311
비우는 여행 · 314
함박눈 내리는 산 · 318
알약의 한계 · 321
봄 · 324
손 · 327
악몽 · 331
양간지풍 · 334
빈손 · 337

다시 봄꽃 되어 · 341
널뛰기 · 344
좀 (벌레) · 346
빨래 · 349
언젠가 꼴찌로 올지도 몰라 · 352
카르마 · 355
그 산의 겨울 · 359
신선봉 등산 · 361
다시 오월의 운동회 · 364
유월의 설악 · 366
고장 난 TV · 368
계단 · 370
외할머니의 작은 농 · 372
애도 일기장 · 375
의사들 · 378
상실의 시작 · 383
아들과 우리를 품어 준 속초 · 386

'애도 일기'를 마치며 · 395
그리운 모습과 음악활동 장면 · 402

엄마의 수레

덜컹대며
달려왔습니다

두 바퀴가 만나
그만큼 기뻐하다
네 바퀴로 굴러
더 신나게도 달렸습니다

짧은 멈춤은 있었지만 지금처럼
긴 멈춤은 상상하지 못했습니다

그런데 지금
한 바퀴가 빠졌습니다
구르지 못하는 수레
멈출 수도 없는 수레
바라보기도 하고 누가
고쳐 줄 수도 없습니다

사랑도 싣고
행복도 싣고
땀방울도 싣고
함께해 온 시간

만남과 이별
기쁨과 슬픔
둘이 아닌 셋이 아닌
하나로 이어진 수레

이별은 싫어
슬픔도 싫어
그건 내 것이 아니야

울고 불며 떼어 내려고 하니
그 곁에 만남과 기쁨과 추억과
사랑도~ 함께 도망가려고 합니다

이제는 그 모두를
끌어안고
사라진 바퀴 자리에

그동안
함께한 감사와 사랑의 흔적을 모아
새로운 바퀴 하나를 만들어야 합니다

그 모두는
하나의 수레에 붙어 있는
바퀴이기에

그 아픈 고통의
덜컹거림도
또 다른 빛깔의 아픈 사랑으로 품고서

그리움의 통증을 덜며
새로운 바퀴를 만들어
보이지 않는 옆길로도 달려가 보는
아들을 향한 몰입의 시간입니다

중병 같은 애도의 단계

〈사별을 받아들이는 단계별 과정이 있다고요〉
햇살처럼- 보고 싶은 마음- 햇살에 매달려 갑니다

이 햇살도 한정된 소모품일 텐데
매일매일 밝은 것은 끊고
어둠 속에만 숨어 있으면 어떡해
아픔도 받아들여 아파 내야 하는
터널 같은 애도의 길로 들어갑니다

부정~ 분노~ 불안감~ 우울~ 무기력~ 통증~ 의욕 상실
비참함~ 미안함~ 서운함~ 좌절감~ 그리움~ 허무함
쇠약함~ 패배감~ 배신감~ 생활 부적응~ 수용~ 타협
이상과 욕망의 부조화로 일상생활을 힘들게도 하는
애도의 단계는

약도 없이 스스로 치료해야 하는 중병인가 봅니다
1. 놀람과 부정 ~ 3개월~?   2. 분노와 갈망~1년~?
3. 절망과 우울의 ~1-3년~?   4. 수용과 타협의 단계
얼마가 걸릴지 모르지만 뜰이켜 본 나의 경우 놓아보니
부정과 갈망과 허무함이 함께 섞여- 계속적으로 이어지고
모든 감각이나 의욕이 사라져 무기력한 상태로 되어 갑니다
이런 복잡한 감정의 애도 과정을 잘 보내기 위해서는

※생각은 하되~
※추억은 하되~
※좋은 기억으로만
~~ ^^ ~~

※ 보고 싶다는 내 욕심
※ 함께하고 싶다는 욕망
※ 그리움도 슬픔도 내 욕망
그런 감정은 끊어 내야 한다고 하지만

도저히 내 의지로는 조절되지 않는
어떻게 해도 쉽게 사라지지 않는
떨쳐 보려고 할수록 허무함만
내 허전한 마음에서 생겨난
내 욕심을 위한 집착이 커지기만 하는 과정

〈집착〉의 감정이 커질수록
더 힘들고 아플 수밖에 없으니
다 내려놓고 편안한 마음이 되어야지
아들도 좋은 곳으로 갈 수 있다지만
불가능해 보이는 현실 앞에서도
어떻게 그런 편한 마음을 낼 수가 있나!

1. 상실의 현실을 인정하고 슬퍼할 수 있을 만큼
　　~~ 충분히 슬퍼하면서 가자
2. 주변의 복잡한 것은 치우고 단순한 일상생활로

~~ 마음의 고통을 표현해 보자
3. 과거의 아쉬운 추억과 미래의 두려움보다는
　　~~ 하던 대로 현재의 단순한 생활에 집중하자

4. 고마운 만남, 행복했던 순간에 감사하며 마음으로 만나
　　~~ 영적으로 교류하며 가 보려고 합니다

외우고 공부하듯이
적어놓고 다짐한다고 해도 지켜지지도 않는
버리고 싶다고 해서 그렇게 되지도 않는
아니~ 그래서도 안 되는 '애도'의 과정
차라리 그 아픔의 과정을 품어 안고 기억하면서 가자

'애도 편지' 속에서 불러도 보고 마음을 이어도 보고
새로운 영혼이 가는 길에 함께하는 과정을
일기로 적어가면서 교감해 보았습니다
만남과 추억에 감사하며 남겨진 아쉬움
허무한 희망에 고운 노래로 채워 보는 시간

이별의 그리움도~ 미안함도~ 새로 주어진 삶의 과제
반드시 통과해야 하는 운명으로 받아들이며
함께 해 보는 시간을 가져 보려고 합니다

2024년 그해 오월

장미꽃도 아팠던 오월
정겨운 눈빛으로
사랑을 밀어내고
맑은 슬픔만 남긴
가여운 꽃잎

잠시 피었다가
오월의 햇살 뒤로
아픔의 바람 숨어들어
훅 날아간 꽃잎

꽃망울 맺은 지가
엊그제인데
고스란히 남겨 둔 채
붉게 물들기도 전에 떠나간
미안한 꽃잎!

저녁 바람에 흔들리다
5월 그 뒤로 숨어 버렸나!
웃음이 되고
노래가 되던
장밋빛 연주

붉은 열기에 녹아 버렸나!

붉은 눈물에
피멍든 꽃은
붉은 오월에
멈춰 버렸네

아픈 가시가 거기 있어
힘든 가시가 거기 있어
가슴이 따가울까 봐
안아 주지도 못했는데/

타들어 가는 갈증에
눈물마저 말라 버려
오월에 멈춘 가슴
피어날 꽃망울이
하고 싶은 일들이
이렇게 남았는데//

보고픈 꽃송이가
사랑으로 몰려와
함께 피어 보지고
눈물을 흘리는데///

잔인한 5월의 끝자락

그 화사함 뒤에 숨은
이별의 바닥만 파다가
따스했던 5월 그 뒤로
너를 돌려보내야 하네

눈물 젖은 바람 소리
숨소리 들어 보려
차가운 귀를 대니
듣고 싶은 말들이
슬픔으로 흘러나와
가시 되어 찌릅니다

5월을 힘껏 움켜쥔 채
푸른 숨결 불어 보려
늦은 애착에 발버둥 치다

가여운 꽃잎
미안한 꽃잎
떨어진 꽃잎만 안고서
맞이하는 시간

너로 인해 나는
오월의
꽃송이만큼 행복했는데

나로 인해 네가 아팠을까 봐
돌아보고 또 뒤돌아보며
하늘로 날아간 꽃잎으로
별 하나만 그려야 하네

네 사랑은 몇 조각
떨어진 꽃잎
여기까지냐

너에겐 피우고 싶은
사랑의 꽃잎이
남아 있지 않더냐

바닥을 파헤치고도
다시 올 것 같아
놓아주지 못하니

얼굴이 화끈
가슴이 화끈
너를 아프게 했을 수많은
가시가 나에게로 돌아나

머릿속을 휘젓지 않고는
붉은 슬픔이 가시로 찔러서
숨을 쉴 수가 없구나

반도 못 피고 져 버린
가여운 꽃망울 위에
심장을 맞대고 엎드려

아파서 시든 꽃망울
다시 아기로 품는다
~
보고 싶다고
손잡고 싶다고
함께 밥 먹고 싶다고

그런
평범한 일상이
얼마나 큰 행복이었는지
절감하는 순간입니다

49재 - 막재

가다 말고 한 번쯤
'엄마~' 하고
뒤돌아볼 것 같아

"잘 가거라. 아들아!"

"네~ 엄마도 울지 말고
편히 지내세요."

"그래~
보고 싶지만
눈물 닦고 견뎌 낼게."

"죄송해요. 엄마,
아파서 조금 일찍… 가요."

그렇게 말할 것만 같은데
대답이 없으니
혼자서 묻고
혼자서 대답합니다

몰라서 미안하다

우리의 의지가 아닌
하늘의 실수라 해도
인정하고 놔줘야 한단다
여기까지란다

더 좋은 세상에서
더는 아프지 말고
맑은 음악과 함께
잘 지내다 만나자

40년 만남의 기쁨
이만큼에 감사하며
따갑게 한 먼지는
바람결에 털어 내고

예전의 맑음으로
너를 떠나보낸다

듣고 싶은 목소리
보고 싶은 마음도
나만의 욕심이고

실수 같은 결정과
불가항력의 운명 앞에
무릎을 꿇는다

통증이 엄습할 때
아픔이 몰아칠 때
얼마나 아팠을지
못 물어봐서 미안하다

발버둥 칠수록
눈물 흘릴수록
수렁 속 아픈 허상
잡아서도 안 되고
잡을 수도 없다니

별꽃처럼 살다가
별꽃처럼 사라진
네 삶의 그 자리에
별 하나를 띄운다

열정으로 피어났다
한순간 사라져 간 너
말이 하고 싶을 때
그리움이 불러낼 때

추어 속이 별로 만니
함께 반짝이며 가자

감내할 수 없어

영원한 고독을/
다가갈 수 없어
오므린 가슴을/
아기별로 품어 안아
통증을 쓸어내린다

"엄마도 그만 울고
그만 슬퍼하세요.
엄마가 먼저 편안해야
저도 편안히 가지요."

"그래~ 부르고 싶어도
'내 거 아니다' 참으며
가는 길을 응원하마
힘내서 좋은 길로
미련 없이 떠나거라"

너와 함께한 40년
가꾸고 공들인 별꽃
순간마다 반짝였고
충분히 아름다웠다

잠시 빌린
아쉬움의 공간은
40년 추억의 별로/

못다 한 사랑은
미완성의 노래로/
보고 싶은 통증은
감사기도로 메운다

진흙 속 아픔이
연꽃으로 피어나고
노래 속 네 마음이
물결에 반짝이던
그런 날도 있었는데

그때~ 너는 여기서
축하 공연을 했고
나는 오늘 여기서

너와의 마지막 이별식
이 땅에서 저 세상으로
네가 축하 공연을 하던

여기 보광사 마당에서
네가 만든 노래와 함께
너를 떠나보낸다

애도의 시작

재즈 피아노를 좋아한 너
잘 모르는 엄마는
"그거~ 너무 빨라서 손가락만 아프고
정신도 없어~
좀 천천히 하는 것이 어때~?"
~ ~ ~
이 말이 싫었을까요!
피아노와 음악이 이별의 시작점이 됐을까?
밴드부 활동의 몰입과 현실과의 갈등~~
간간이 떠오르는 장면들이 아프게도 합니다

인생은 정해진 멜로디가 없는
〈즉흥 재즈 음악〉~ 이라고 했나요
그 재즈 음악처럼 빠르게 이별한 너
태어나 처음 닥친 상실감의 충격에
정신이 아찔하고 계속 흔들립니다

손가락이 안 보일 만큼 빠른 재즈 음악
그보다 더 빠른- 벼락같은 이별
한순간
무서운 낭떠러지에서 쿵 떨어져
무너져 내린 일상에

한 번도 해 본 적 없는 - '애도'
약도 치료법도 모르는 - '애도'

인정할 수가 없습니다
물어볼 수도 없습니다
그래도 현실입니다

이별을 빨리도 전해 준
신에게 반항도 해 봅니다
머릿속을 휘젓는
혼돈의 늪에서
그냥 울기만 하면
씻겨 내릴까 봐

잊혀 가는 것도 아프고
보고 싶고 만나고 싶은
조절 안 되는 욕망의 밸브
시도 때도 없이 흐르는 눈물
적어 놓고 기억하며 조절해 보자

더듬거리며 기어 나가야 하는
애도의 터널입니다

가시나무 새

호숫가를 돌다 보면 새들과 만납니다
그 노래를 부를 즈음엔 몰랐던- 새

소리 낼 수 없는 나는
짹짹 소리가 부러워
그 소리를 듣고 있다가
그 노래 속의 새를 떠올립니다

가시 속에 갇혀서
날지 못하는 새
누가 열어 주기를 기다리지만
열어 주어도 못 날아가는 새

이름을 부르다가 지치고
보고 싶어 절규하는 새
어디로 나가는지도 몰라
스스로 가시에 갇혀 버린 새

슬픔의 가시
미안함의 가시
그리움의 가시
자꾸만 돋아나

수많은 가시 속에 갇혀 버린 새

스스로 만들어 내는 그리움의 가시
가시 속에 갇혀 꼼짝 못 하는 새
끌어안을수록 더 아파서
날지도 못하는 새

그리움이 무거워서
날개가 안 펴지는 새
못 일어서고 주저앉아 울기만 하는
그 가여운 새가

그때는 네- 모습이었을 테고
지금은 내- 모습인가요

벗어나고 싶다~
날아가고 싶다~
한쪽 마음이라면

'아파도 떠나고 싶지 않아!'
'이 슬픔마저도 버리기 싫어!'
아파도 모든 추어
'꼭 끌어안을 테야.'
다른 한쪽 마음입니다

고운 추억의 가시에
잊기 싫은 기억의 가시
갇혀서 아파도 좋은
가시나무 새의
첫 번째 겨울

옷은 다 벗어 누군가에게 주고
처음 맞이하는 추운 겨울
추울까 봐
아들의 모든 아픔
아기가 되어 돌아온 아들을
마음에 품어 꼭 안아 줍니다

SNS. 인스타. 페북. 친구에게

몰라서 연락도 못 하고
울다가 인사도 못 하고
허둥지둥 시간이 흐르니
함께한 삶의 추억을 기리며
SNS로 만나 살짝 와서 울고 간 친구들
마음에 새겨야 할 고마운 얼굴을 떠올립니다

이마를 맞대고
마음을 맞대고
만든 곡으로 공연하며 기뻐했을
그분들과의 순간을 떠올리면
지금도 그 자리에서 함께할 것만 같은
아이의 숨결이 느껴집니다

예술적인 교감으로 만나
조화로운 여러 예술을 통해
슬픔의 경지까지
아름다운 공연으로
마음을 모아 승화시켰을
많은 친구 지인들이 고마워
휴대폰을~ 만지작거립니다

언젠가 그리움에도 공간이 생겨
좀 더 자유로워지면
편한 모습으로 작품을 감상하고
느껴 볼 수 있을까요

만나면 음악이 되고
연극이 되고
영화 속에서 관객과 만나
감동으로 함께한 소리
그 시간 속에
아들이 있었습니다

그렇게나 하고 싶었으면서 왜?
시작만 해 놓고 끝낸
음악과 조화로운 예술세계
희망이고 삶이었는데
일호는 이만큼에서 끝냈지만

일호 몫을 넘어
더 자유롭고 아름다운
예술의 세계로 펼쳐 나가길 소망합니다
일호도 그 순간의 행복을 꼭 안고 갔을 겁니다

마음속의 빛도 음악을 타고 함께 갈 테니
덜 외로울지도 모르겠습니다

어린 시절부터 엄마 몰래 숨어
혼자서 독학으로 키워 온 음악
그래서 더 마음 아픈 음악의 과정
손잡고 만들던 힘든 예술세계의 몰입
멈춘 것이 아니고
거기서도 이어지는 거라고 하니

이 땅의 아픔과 고행 같은 길도
신비로운 빛을 더한
조화로운 음악 속에

아름다운 관계로 흘러갈 거라고
상상의 힘을 보탭니다

음악 친구들

"상○아!
보고 싶다"
그렇게
말할 것 같은데…

너를 그렇게도
좋아했는데
커피 향 같은 친구
3일 동안 카페를 접고 달려온 친구 부부에게
고맙고도 미안합니다

"엄마! 상○이가 만든 커피는
원두도 좋고~ 기계도 좋고
친구의 자부심도 가득 담긴
가장 맛있는 명품 커피예요!"
그래 놓고서-!

그렇게도 좋아하는 커피를
이제는 못 마시게 됐다고
음악 친구와 커피가 떠올라
아들 대신 불러 보았습니다

조금은 널 이해하는 마음으로
따뜻한 이별을 할 수 있을 거야

이 세상을 떠나가던 그날!
작품회의를 약속해 놓은 바로 그날!
연락이 안 되는 일호를 찾아 먼 길 속초까지 달려와
회의가 아닌 이별 인사를 해 준
SNS 친구와 영화 예술, 음악 친구들!

누가 누구인지 모르지만 그들의 얼굴에
음악. 가수. 배우. 연극 영화 무용 전시 감독님-
그렇게 적혀 있는 것 같았습니다

그날 가져야 했던 작품회의 대신
마지막 공연처럼 이별의 인사를 합니다
예전처럼 다정하고 정겨운 친구들

아마 저 세상에도
영계에 가도 이 땅에서 하던
그런 일을 똑같이 계속해 나간다고 하니

더 넓은 우주의 공간~ 거기서도
더 아름다운 음악을 만들며
더 많은 영혼을 위해서

더 멋진 영혼의 선율을 통해
이 땅에서 못다 한 음악으로
푸른빛 희망과 보랏빛 우정이 담긴

영혼의 팸플릿을 붙여 두고
희망의 연주로 응원할 것 같습니다

기도

스님은 잘 모르는 지장보살 말씀의 기도와
하고 싶은 대로 해 보라 하시고
목사님은 로마서를 공부하며
하나님께 기도를 드리자고 하십니다

두려움과 기도 /
절망과 허탈감 //
삶과 죽음~ ///

어디까지가 삶이고
어디까지가 죽음인지
이리저리 뒤엉켜
혼돈의 흙탕물이
부글부글 끓어올라
마음의 갈피를 잡을 수 없습니다
~
삶과 죽음을 한 통으로 묶어
초연해질 수 있는 힘도 없고

기도로 생명을 바꿔 두시기도
한다는 하나님
내가 다가가는 하나님이 아닌

먼저 다가오시는 하나님~

두려움을 통한 죽음의 모습
그냥~ 느끼게만 해 주시지
아예~ 데려가 버리면
나는 어떡하라고요~!

희망의 기도는 드릴 기회도 없이
절망의 기도만 하라고 하는
하나님도~ 부처님도
내 편이 아니고 악마 편이듯

희망의 기도도 없이
절망의 기도만 주시니
말라 버린 우물에 눈물을 담는 기도
억울함을 호소하며 반항도 합니다

남겨진 할 일이 있는 것 같아
허우적대면서라도
보이지 않는 새로운 문
힘든 기도와 마음의 힘으로 열어 보는
애도의 길

보이지 않지만
새로운 세계로 향한 아들의 길은

나도 좋은 마음으로 이어 가야 하는 길
마음으로 바라보면서 만들어 가는 길
좋은 분들을 만나서
상상도 해 보고~
느껴도 보고~
배워도 봅니다

보이는 듯이

보이지 않아요
구름이 움직이면
푸른 하늘이 보이는데

내 마음은 아무리 움직여 봐도/
보고 싶은 너는 안 보이고
먹구름에 가려 있어요

보이지 않는 까만 사랑
그림자라도 잡아 보려
꿈속에서 깨어나면
다시 눈을 꼭 감아요

눈을 부릅뜨고 찾아서
만난 것도 아니었지만

어떤 예고도 없이
한순간 닥친 이별

신의 장난인가요? 한순간
〈보였다 안 보이게〉 하는
얄궂은 현상을 어떻게 받아들일 수 있나요!

~ ~ ~
맞아요!

보였을 때는〉
안 보이는 듯이 살았고~

안 보이는 지금은〉〉
보이는 듯이 살아가야 하는~

까맣다가 다시
투명해진 업보

슬픔도~!
쓸쓸함도~!
깜빡이다~ 반짝이다~ 투명해지는
그럴지 몰라요

〈신〉도
정신없고
힘들 만큼
오랫동안 힘들게 괴롭혔으니

이제는
그만

투명하게
놓아주는 일만 남았대요

이만큼 느끼는 슬픔의 거리도
행복의 뒷면이라 우기며
마음을 굴려 봅니다
~~
까맣다가 투명하고
다시 반짝거리는 하늘
아픈 눈에 비친
우리가 만난 운명도

그런 아픈 마음 때문에
까만 눈으로 변해 버렸을까요

너의 아픈 마음이
나의 아픈 눈으로
투명하게 보였다
까맣게 보였다

영원한 고독으로 가는 길에는
눈도~ 마음도 한 곳에
멈춰 버렸습니다

콩 벌레

그 산에서 불어오는 바람이
어깨를 살짝만 스쳐도 아파서
동그랗게 오그라듭니다
콩 벌레처럼

그 속에
숨겨진 것이
미안함이거나
그리움이거나
돌돌 말아 웅크려
펴지지 않아
구르고 있습니다

너도 그랬듯이
얼마나 찌르고
아팠을지~!

슬픔의 띠를 두른
노란 꽃 하얀 꽃
주저앉은 향나무

여기가 어디냐

어디가 아프냐
만져 보고 싶어
나무 향기인지
너의 향기인지

너에게로 불어 가던 바람
나에게로 들려오는 노래 속에
흰구름 얼굴이
나에게로 옵니다

'풍경의 기억'
맑은 바람의 노래가
바람결에 밀려와

뾰족뾰족 솟아나는
그리움의 잔디 위에
툭 툭 스쳐 갈 때마다

미안함이 부푼 몸으로
온 마음을 웅크려 구르는
콩 벌레가 됩니다

시간을 돌돌 말아
펼쳤다 오므렸다

해맑은 아기 얼굴로
새들과 노래 부르는가
구름과 장난치는가

너와 함께 오를 땐
웃음도 희망의 풍경이던- 그 산

널 두고
혼자서 내려올 때는
그 산 어디에 숨어들고 싶은
콩 벌레가 됩니다

아가야, 이제는!

흉령과 악령이 벌여 놓은
가혹한 교통사고는
거기까지로 하자

자꾸만 다가오는 마귀와 흉령
집착과 욕망에 끌려가 아프지 말고
조금은 떨어져서 바라보자

음악 속에서 불같이 살다 간 열정
못다 한 사랑의 열정 위에
남은 행복은 반짝이며 보여 주자

"괜찮아요! 모두 다 좋아요"
'항상 그렇게만 말했던 일호'
우리 스스로에게는 그가
말로만 보여 준 긍정의 힘!

우리는 용기 더해 몸으로
실천하며 앞으로만 나가자!

욕망과 고행 그 사이에서
밀고 당기기가

한 줄기 이어짐이니

서로 놓아주고
자유로워져야 한단다

내 뜻이 이루어지면 행
이루어지지 않으면~ 불행
행과 불행이~ 업과 보가
반복될 수밖에 없는 거라고 하니

락〉의 본질이 바로 고〉이고
동전의 앞뒤처럼 함께 품은 것이니
보고 싶다는
욕망을 따라가는 것도
욕망을 억제하는 것도
작용과 반작용의 힘으로 밀고 당기는
영혼의 법칙

내가 정해 놓은 욕심을 뚫고
나가려 애쓰지 말고
고통의 사슬이 옭아매도
그 힘을 내 힘으로 껴안아 보자

너무 벅차면 그대로 두고서
그냥 바라만 보자

좋고 싫음을 가려서 버릴 수 없는 삶
거기서 편안한 마음을 낼 수 있나
참자유와 고요 적정의 마음이 낯설지만

오늘 하루만
보고 싶은 아픈 욕망에서
잔잔한 그리움으로 바꾸며 가자

부처님 마음이라도 빌려
서로의 힘이 되어 이 순간을 버티어 내자

좋거나 싫은 것들을
좋은 마음으로
편안하게 받아들이는 것이
잘 가도록 빌어 주는 것!

이 세상 풀 중에
약초가 아닌 풀이 하나도 없듯

세상 위에 일어나는 일도
각양각색의 잡초 같으니

아프고 고통스러운 이별
상실감의 문제도
보고 싶은 내 욕심의 문제도
우리가 정해 놓은 욕심의 문제

남편 없는 시어머니
아들 없는 며느리
그래도 너에겐 두 아기를 위한 희망의 기도
그럼, 난 절망의 기도인가?

아들을 아니- 그 아들의 모든 것을
다시 거둬 담는 기도를 드립니다

일어난 모든 일들은 하나의
변해 가는 현상이고 존재일 뿐

이미 일어난 일은
일어날 수밖에 없었던~ 일

그것이~ 꼭 나로 인해서 생겨난
나에게~ 꼭 나쁜 일이라고만
단정 짓지도 말라고 한다

탄생에는 이별의 별도
기쁨에는 슬픔의 별도 함께
삶과 죽음은 우주 속의 한 덩어리

순간의 업과 보가 만나 조금 빨리 변하고
조금 빠르게 돌아가는 과정이라면
그 과정을 조금 인정한다면
이별의 아픔에 대한 집착도

조금은 줄어들 거라고 한다

변해 가는 두려움에
너무 큰 의미로
오래 얽매이지 말고

그 좋고 싫음에의 집착을
느긋하게 줄여 보자

이 상실의 아픔은
많이 슬퍼한다고 낫지도 않고
고통 속에 머문다고 해결되지도 않고
헤어짐을 원하지 않는 집착
집착 때문에 일어나는 고통
그 고통의 자리에서

너는
아들을 위한
희망의 기도를

나는
아들을 잃은
절망의 기도일지라도
이렇게 서로 나누고
전할 수 있음에 감사하며 가자

그때 말할 걸, 절에 가서 말하네

달랑 액자 속의
사진 한 장에 멈춰 버린 40년

얼굴 보며 만나다가
절만 해야 하는 관계로 된
안 보이는 시간이 낯설기만 한
아들의 사진이 점점
멀게만 느껴집니다

더 작아져 가는 아들
더 크게 보이는 부처님

부처님도 멀고
잡을 수 없는 너는 더 멀고

너무 멀리만 보고 살았네
그때도 멀리 두고 지냈고
지금은 더 멀리 있네

좀 더 일찍 얼굴 보며
이렇게 엎드려 조아려 볼 걸

서로가 다른 눈으로
서로 다른 방향만 보며
그리워만 하다

소중한 순간들을
놓치면서 살았구나
~~
〈그리도 아름다웠던 순간〉
아름답다고 말 못 하고
모른 척하며 살았네

〈그렇게 고마웠던 순간〉
고마움에 푹 묻혀서
표현 못 하고 살았네

〈너무나도 행복했던 순간〉
까만 욕심이 마음의 눈을 가려
행복의 빛깔인지도 모르고 살았다

그때
고맙다고 말할 걸
괜찮다고 말할 걸
사랑한다고 말해 줄 걸

그 노래가
그 음악이
아름답다고 말해 줄 걸

푸른 하늘의 빛깔처럼
잡히는 않는 영원의 길
흐름과 멈춤이 보이지 않아도
품어 안아야 하는 시간

몰라서 ~~
안 보여서 말 못 하고
안 들려서 표현 못 하고

보광사 지장전
사진 앞 마루에
무거운 마음을 쿵쿵
머리를 맞대며
전하고 있습니다

낙산사에서

엄마의 출석부가 아닌
부처님의 점귀부에 적힌
이름표를 찾으러 갑니다

못 본다는 두려움
두려움도 내 욕심
그리움도 내 집착
마음에도
등불을 켜 어두움을
다 태워야 한답니다

형이 달아 놓은 연등/
친구들이 달아 준 연등/
이것이 분명한 현실인데/
일호야, 네 이름은
천장의 연등에만 적혀 있다고~!
출석부가 아닌
점귀부에만 있는 거야!

하얀 종이에 적힌
이름 석 자는 이미
산산이 부서졌는데

나는 그 부서진 재를
끌어안고 발버둥 칩니다

이것이
일호가 바라는 모습은
아닐진대~
그렇게 잡고 늘어지면
괴로워 편히 못 간다 하는데
편히 보내 주는 길은
내 마음도 편해지는 길

지금 붙잡고 있는 것은
이미 불에 타 날아간
종이 속의 이름 석 자
실체가 없는 허상이고
흘러간 뜬구름

아픈 음악 인생은
고맙고도 멋진 감동이었다고
품어 안으렵니다

다음 생에 만나면
아니 저세상에서도
못 하게 말린 미안한 음악
못다 한 음악

마음껏 펼치도록
기도해 주렵니다

새아가야! 우리는!

사랑의 꽃망울로 다가와
우리가 되어
행복의 꿈을
피우기도 전에

이별을 감당해야 하는
미안한 아가야
함께했던 그만큼의 에너지로
질량 불변의 법칙처럼
그 사랑 사라지지 않고
우주의 어느 한 곳에서 함께할 거야

거기에 있었던
그 웃음 그대로
이 순간에 멈춰 주기만을 바라지만

어제의 아픔도
오늘의 햇살 더해 흘러가고
생기는 욕심만이 괴로움을 디해 주는구나!

내가 원한 것은 아닌데
미지의 세계로

달과 별 우주의
저항할 수 없는 힘에 따라
욕심도 사랑도 밀고 당기기를 한다

지구의 어느 저녁 밤하늘도
빛나고 아름다웠듯

욕심을 못 내려놓는 고행이나
고행을 받아들여야 하는
갑자기 닥친 벌 같은 과정
바라보는 방향을 달리해 보자

내 앞에 끝내 웃음 띤 얼굴로
오래 머물러 줄 줄만 알았는데
그 따뜻한 음악 속의 사랑 노래
끝없이 들려줄 줄 알았는데
전해 받은 외로움과 괴로움에서
자유로울 수 있는 여유

바뀌고 변해 버린
새로운 형태의 공간을
우리도 함께 만들어 가자

어둠 속에 숨어 벌벌 떨어도-
무섭다고 도망가는

흉측한 나방이 아닌
미안하고 부끄러운 날개라도
화려하게 알록달록 분칠하고
팔랑거려 보자
더 가벼워지는 힘을 얻어
아픔과 고통의 무거운 날개 대신

가볍고도 새로운 희망의 날개로
바꿔 달고 날아 보자

출구는 어디

너와 나도
누구의 소유물이 아닌
돌고 돌며 만났다가

돌고 돌다 헤어져야 하는
우주의 한 조각
자연의 한 조각
물방울인 것을

어디로 가려고 도는 게 아닌
길이 거기 있어서
네가 거기 있어서

하얀 마음에다
너를 그리면서
영랑호를 돕니다

이렇게 돌아가다 보면
바다로 나가는 출구도 나오는데
왜~ 안 보였을까!

예술을 향한 열정

음악을 향한 영혼
조금만 더 돌았더라면
꿈을 향해 나가는
출구가 나오는데

어딘가 있을 새로운 출구
그런 출구를 찾아 돕니다

자유로움이 곧 행복
집착으로부터의 자유
욕심으로부터의 자유
보고 싶은 마음에서의 자유

그 자유의 출구
내 모든 감정을 없애고
그런 감정에서의 자유

참 행복의 출구
새로운 출구

내가 너에게서
내가 나에게서

자유로워지는
출구는 어디!

<.> 간의 문제

이별과 상실
이미 지나가 되돌릴 수 없는
〈시〉 간의 문제

같은 방향으로 가다가
다른 방향으로 향한
마음으로만 느껴지는
〈공〉 간의 문제

머리가 아닌 눈으로
바라보고 싶어질 때
이미 사라져 잡을 수 없는 시간

함께했던 그때
잡히지 않는 과거를
잡아 보려고 몸부림치는
처절한 절규

41년 전 처음 만나
나로 인해 네가 울고
지금은
너로 인해 내가 울고

운다고 달라지지 않는
〈인〉간의 문제

나의 업보
너의 운명
우리의 인연

아파도 껴안아야 하는
야속한 인연에
계속 미안한 거리
80년은 살아야 하는데
40년을 빼앗긴 것 같은
사라진 〈시〉간의 문제

잠깐 푹 자고 나면 기분 좋은 잠/
오래 잠들면 모르니까 두려운 잠/

그냥 깨어날 수 없는 잠이 들었을 뿐인데
모든 걸 내려놓고 애태우는 미련함도
어찌할 수 없는
〈시〉간의 문제-
어떻게 삽아 둘 수 있나요!

언젠가는
끌어당기듯 보고 싶은 마음도

뾰족뾰족 찌르는 아픔도

시냇가의 돌과 물처럼
저만치 흐르다 보면
보듬어 안고 흐르는 거리로

메멘토모리~
카르페디엠~
다가갈 수 없는 거리
어찌할 수 없는 거리

그래도
아모르 파티
귀한 뜻을 기려야 하는 거리

그 아프게 하는 사이를 들여다봅니다

열쇠

상실의 감옥에 갇힌 나에게
본인이 좋아하는 것을 나눠 줍니다
주저앉아만 있지 말고
벌떡 일어나 오늘을 이어 가라고

누구는 김치를
누구는 체리를
코로나 환자도 아닌데
따고 밖으로 나가라는 열쇠처럼
문고리에 걸어 놓고 갑니다
~~
내가 좋아하는 것이든
아니든 상관없는 열쇠

감사의 열쇠로
애도의 감옥을 열어 봅니다

감사의 열쇠
고마움의 맛
고마움을 담아 저장해
힘을 내어 밖으로 나갑니다

뒤가 아닌 앞으로 가는 문
잠겨만 가는 마음 문을 따고
햇살 비치는 밖으로 나가는 열쇠

햇살 줄기 따라
그에게로 가는 한 가닥 사랑이
어둠의 공간을 채워 갑니다

마음이 고장 난 것도
환자였다는 걸
햇살을 채워야 치유가 되는 것을
거꾸로 현관문을 열고 나가게 하는 열쇠
잠겨진 마음을 따고
아픔에만 떨고 있던 몸을 일으켜
밖으로 나가 바람에 흔들어 봅니다
~~
상실의 감옥을 열어 주는
선물 같은 열쇠
그 열쇠는 받았지만 집어서
딸 수 있는 것은
스스로만이 할 수 있는 것을~

몰라서 미안한
가져다가 주고 싶은 도파민
세로토닌이 왜 모자랐는지

느껴도 보고
꿈에서 불러도 보고
~
마음의 열쇠를 휘두르며
햇살과 만나러 나갑니다

야속한 바코드

국화꽃에게는
가을이란 바코드가
진달래에게는
봄이란 바코드
물건마다 붙어 있는 바코드
누가 그리도 억울한 바코드를
아들에게 붙여 놓았을까요!

사람에게도 바코드가 있다고~ 치면
남겨진 마음이 좀 편해지려나

네 삶의 바코드가
왜
2024년 5월 29일?

우리에게도
싹 같은 희망으로 스베덴보리의
사후 세계에서라도 그려 볼까
새로운 바코드를 붙여 두고서

거기서도 여기서 하던 그런
따뜻한 음악을 만들 거라고

그것도 바코드에 적혀 있을 거야

이젠 업을 부르는
슬픈 욕망과 희망의 노래가 아닌
쉽게 잠드는 편안한 음악을
연주할 거라고

엄마도 어쩔 수 없는
이별의 바코드
삶과 죽음의 바코드는

이미 탄생의 순간
너에게도- 나에게도 붙여졌다는
야속한 바코드
이별의 바코드를 누가 붙었단 말이냐

시간과 공간
영혼과 육체
돌고 돌아 하나로 가는 바코드

국화꽃 뿌리처럼
마음에도 심어 누고
새봄이 오면
차마 못 듣던 너의 음악 소리
유튜브에 들어가

들어도 보고

너를 보듯이
웃어도 볼게

아침

첫닭이 울면
아궁이에 지핀 불길이
고통의 연기는 뿜어내고
따스한 온기만이
까만 터널을 지나
등으로 전해져 올 때쯤

사랑의 터널
희망의 터널
따뜻한 온도로 새벽 4시면
깨우시던 정겨운 목소리
너의 호소 같은 연주 소리

문창살 가까이 다가와
반짝임으로 인사하고
미안함으로 노크하는 여명
맑은 한 줄기 소식을 듣는다

떠난다고 울려 대는
통학 열차의 기적 소리에
일어나려고 애쓰던
지난밤의 힘든 꿈

쏟아지는 햇살 곁에
떨고 있을 여린 풀잎
이슬방울이 떠난다고
뿜어내던 기적 소리

어젯밤에 내린
영롱한 선물~
풀잎 끝에 잠시 앉아
기지개만 켰을 뿐인데
이별이라니

가야 할 길을 알려 주던
뱃고동 소리마저 잠든
고요함의 통로 따라

온돌방 아랫목은
잠을 부르는 따스한 유혹
할머니의 손길 같은
먼 세계에서 찾아온 여명이
창문마다 스미는 아침

풀 향기 꽃내음
향기로운 삶의 향기로
불러내고 있는데
맑아서 안 보이는 이슬

풀잎은 알 수 있을까
떠나간 기차의 꼬리 같은
이슬과 이별의 순간
풀잎 세상 위에
이슬 같은 우리
풀잎이 이슬과 이별을 하듯

우리는 매일
새로운 아침을 맞이하고
매일 그 아침과 이별을 합니다

아궁이의 잔열 같은 따스한 손길
맑은 이슬이 부르는 목소리
찬란한 햇살에 매달아 두고
어둠에 떠밀리듯
너와 나는
서로 다른 아침을 맞는다

아침에 맑았던 내 마음이
어둔 밤 별 속에서 반짝이다
깜빡 잊은 듯 이별하고
보여주는 햇살과 만납니다

화살

앞이 안 보이니
뒤만 돌아다보는 나에게
화살이 말해 줍니다

'마음의 화살도 앞으로 쏘아야지~!'
'지나간 화살의 기억은 잊어야 해!'
'내일의 화살을 똑바로 쏘기 위해서'

후회의 화살
미련의 화살
아픔의 화살
미안함의 화살
계속 만들어 스스로 쏘아 댑니다

아프다
아프다고 눈물 흘리면서
어찌 새 화살을 쏠 수 있겠나요!

간만의 차이로 금메달
재미있는 양궁경기
먼저 쏘아 날린
지나간 화살의 기억은 잊어야

다음 화살을 잘 쏠 수 있다고 합니다

아픔의 굴레에서 벗어나
앞으로 쏘아야 하는
희망의 화살
축복의 화살은

너에게도
나에게도
필요했을 텐데~~ 왜
슬픔의 화살만 남겨 두고 가느냐!

그리움의 화살이~
괴로움의 화살로
슬픔의 화살이~
고통의 화살로~
어디에다 어떻게 쏠 수 있겠니?

이젠 그만 보내 주자
눈물도 흘러간 강물
편히 흘려보내라고
편히 떠나보내라고

남겨진 우리 삶에
슬픔이 솟아나면

그가 꿈꾸던 높은 이상은
맑고 조화로운 소리의 세계
화사하게 펼치려던 아픔의 날개
더 곱게 퍼덕일 수 있게
영혼의 꾀꼬리와 부르는
네 노래에 맞춰
새로운 곳으로 향하는 희망의 화살은
아픔이 아닌 그의 꿈처럼
아름다움을 향해 쏘아 보자

운전의 한계

무작정 달려가다가
핸들을 잘못 돌려
그 어둠의 방향으로 간 사고/

돌아오지도 못하는 곳으로의 운전
운전대를 어디로 돌려야 할지
분간이 안 되는 이정표
어긋난 신호등의 오류에
방향을 잃은 운전의 한계

외로움의 통증에
더러는 두려워서
삶의 공포에 떨고 있었을
그 순간

곁에는 오직
음악뿐~!!
음악도 결국은 사람을 위한 것인데!
사람을 위한 음악을 만들어 놓고서
누구를 위한 공연을 한 것이냐

그렇게나 좋아하던 음악도
널 지켜 주지 못 했구나

아름다운 꿈을 향해
좋아하는 음악을 향해
그렇게나 달리고 달려갔던 너

난 그 음악을~ 더 들었어야 했는데
'꼭 듣고 싶었다는….'
'꼭 해야 할 말을 못 해서
 미안하다~'

좁은 길이 두려워
넓은 길로 향한 운전도
최선을 다한 엄마의 한계

세월의 운전이 힘겨워
못 빠져나간 것도
최선을 다한 너의 한계

아팠던 슬픔의 길에서도
아픔의 방지턱으로
덜컹거리지 않는 운전

우리 이제 너를 향한
아프게 한 운명의 운전대
남겨진 꿈을 향한
응원의 운전대로
꼭 잡고 가 보자

잠자리와 소년

언젠가
어둠이 내릴 때까지
잠자리를 쫓아다녔던~ 너
온 동네를 찾다가 주저앉은 형
잠자리가 보이지 않는 저녁까지
시간이 가는 줄도 모른 채

소년은
잠자리를 따라 모르는 길로 갔습니다

그때는
잠자리를 따라서

지금은
별을 따라 사라진 소년

그때
엄마는 화가 났는데
지금은 울기만 합니다

그때는
어둠이 내릴 때

집으로 돌아왔는데

지금은 별이 되어 반짝이는 널 향해
엄마는
목을 쭉 빼고 그리워합니다

이별의 의자에 앉아 기다리다가
멈춰 버린 시계
읽히지 않는 시계
너만의 시계 속에 머물고 있네

엄마가 꺼내 줄 수 없는
슬픔의 바늘만이
돌아갈 때마다
움직일 때마다
보고 싶은 마음이
찌르면서 돌아가면

시곗바늘이 거꾸로 돌아
잠자리와 네가 떠오른다

저 하늘에서도
잠자리를 따라 헤매던 날처럼
엄마를 찾고 아내를 찾으면
아기들도 보일지 몰라

푸른빛 흐르는 하늘에는
여전히 잠자리가 날고
그 잠자리 뒤로
네 모습이 아른거린다

감옥

아무것도 보이지 않고
다른 것은 떠오르지 않고
누구의 말도 들리지 않는
혼자만의 감옥
상실의 감옥에 갇혔습니다

왜 아름다웠던 세상이 감옥이 되었나.
푸른 감옥에서
까만 감옥으로

스스로 감옥을 만들었습니다
한 가지 생각으로만 꽉 차
다른 생각은 할 수 없는 감옥
믿음이라고 생각했던 것이
시시때때로 변해 정답이 없는
혼돈의 감옥에 스스로 갇혔습니다

어둡고 모르는 길은
햇살 비치는 환한 곳으로 나와
잘 보고 물으면서 가야지

이 세상은 푸른 감옥이지만

햇살도 있고
꽃도 피어 있어
웃음으로 돌았던 호수도 있잖아

음악 속에서만 살 수 있는
빠져나올 수 없는 소리
소리가 없으면 안 되는
너의 감옥이었구나

왜 아름다운 소리가
따뜻한 사랑의 믿음이
감옥으로 되어 갔을까
난
어떤 소리도 들리지 않고
너의 울음소리만 떠올리는
슬픔의 감옥에 갇혔습니다

보고 싶은 집착의 감옥
생각에 갇힌 감옥에서
탈출하고 싶을 때는

맑아지는 햇살이라도
잡아 줬으면 싶은데
그럴 힘마저 잃었습니다

마음을 알아주는 것은
깜깜한 감옥뿐인 것 같아

혼자서
너와의 기억을 쫓아
그 대답이 듣고 싶어
일어서지도 못하고
벌처럼 적어 보는 반성문

너를 향하는 글 속의
감옥에 갇혀
애도의 터널을 따라
생각의 빛을 떠올려 봅니다

첫 벌초

머리를 깎아 주는 것도
아니고
내 아픈 마음 바닥에 솟아난
미안함을 깎는다

예쁘냐고
시원하냐고
그걸 몰라서

대답이 듣고 싶어
눈물 주면 더 빨리 자라나
꾹꾹 찔러 대는 미안한 잔디

〈짧은 인연의 결정 앞에〉
〈마음을 꿇고〉
〈너의 통증을〉
〈가슴에 안는다〉

집을 짓고
산을 가꾼다고 했던 그 자리에서
벌초를

그거
네가 나를 해 줄 줄 알았는데
내가
네 벌초를 하러 왔구나

그때는
꽃동산을 얘기했는데
꽃 심겠다고 했던 너 대신
나 혼자 벌초를 해야 하네

푸른 하늘 구름 위에
눈물을 얹으며 오르니
함께 바라보던 울산바위
아직도 그 자리에
함께 서 있는 것만 같아

내가 이러면
너도 함께 힘들어진다 해도
아픔도 고통도 눈물마저
욕심이 거쳐 가는
삶의 과정

선도 업
악도 업
푸른 잔디처럼

깎여 나가
나에게로 쌓인다

이제는
벌초처럼 다 털어내고
너를 위해 아픔의 시간을 바친
외할머니와 외할아버지 곁에서
무섭지 말고
외롭지 말고
힘들지 말고
아프지 말고
- -
편히 잠들거라

이별 공부

인생은 멀리서 보면 희극
가까이서 보면 비극이라 한〉
찰리 채플린의 그 말……!

네가~ 딱 그런 모습이구나!
공연하면서 노래 속에 즐거울 거라고만~
사랑하는 가족과 행복한 시간 속에서
웃음만이 함께할 거라고

그 시간도 뺏기 싫어
전화도 참았었는데~

슬픔도 아픔도 함께 키우며 살았다니
그 슬픔마저도 음악으로
뿜어내면서 가지

아기와만 웃다 헤어지고
한순간 만났다 헤어진
이별의 순간만 남아 있구나

긴 이별의 끝은 어디
혼자 계속되는 이별은

언제까지 진행 중이어야 하나
예전의 그 자리로 거슬러 가는
이별의 길목

네 속마음에 웅크리고 있던
아픔과도 좀 일찍 만나 볼 것을~!

한 번도 '아프다~
힘들다'-는 말
할 줄 몰랐던 너인데

묻지를 않아서 대답을 못 했구나!
영원히 내 거는 없다지만

언제까지나 다정한 웃음 띤 얼굴과
마주할 줄만 알았는데

네 웃음과 삶의 흔적이 서린~
도로와 공연장
길가의 식당
카페와 공원
바다를 지키던 군부대
그리고 음악작업실
빈 그림자를 따라서
빙글빙글 맴돌고 있다

만남보다 이별이 이렇게나
힘들고 눈물 나게 하는데

더 아름다운 더 긴 음악
영화음악처럼 1편 2편…
더 오래 두고 천천히
좋은 분들과 함께
아픈 이야기는 다 모아
공연으로 날리지 그랬어

바라보던 곳이 아닌
다른 곳을 바라보게 한 이별

난~ 너에게 만남만 가르쳤고
넌~ 나에게 이별의 방법을 배워 보라 하네

몰래 한 음악

음악을 하고 싶으면
엄마를 잘~ 속여야 해!!
"엄마가 아끼지 않는 건
책값하고~ 밥값이잖아!"

"우리 책값 밥값 모아서
지하밴드 연습실 차리자."

엄마의 마음을 읽은
두 형제의 대화였다는 걸
오랜 시간이 지나고 나서야 알았습니다

"엄마!!~ 부탁드려요~!!
붙어도 안 갈 거고
시험 한 번만 보게 해 주세요."
빌듯이 사정하던 아들에게~

"〈한예종〉이 뭐야~!"
붙어도 안 갈 시험 왜 봐!
시간이 아깝지도 않니~?
난 음악공부 시킨 적 없어~"

여지 안 주려고 쏘아붙였던
그 말들이 얼마나 차가웠니?
그때 도서관 대신
엄마 몰래 낙원상가를 헤매게 한 것도
악기를 한 번도 못 사 준 것도 미안하구나

그리고
시간이 흘러~ 머리가 빠지고
아프다는 것을 뒤늦게 알고
소통이 필요하다 싶어
휴대폰을 사서 아들에게 배웁니다

엄마~!
"이거는 페이스북이라는 건데요
음악 하는 사람들이 많이 사용해요
여기다 쓰면~ 다 볼 수 있어요."
그때~ 넌 엄마의 글이
길어도 읽어준다고 했지!

선택과 갈등의 기회마저 없는 지금
간절히 원하던~ 그때
곧바로 도와주었더라면
이렇게 긴 글을 쓰지 않아도 되는데

엄마의 욕심으로 날려버린 세월의 대가~?

미안함의 〈벌금〉처럼~
적어 나릅니다

오늘의 슬픔은
엇박자로 만난 운명의 밴드부
아픔의 그룹사운드

그때부터
만들어지고 있었나 봅니다

음악작업실 가는 길

수없이 어둠이 지나고
새날이 밝아 와도

네가 보이지 않는다는 것을
여기저기서 확인했건만

아직도 나타날 것만 같은
국악고를 돌아가던 이 길
수없이 오갔을 이 길

네가 좋아했던 이 길을 두고
왜~ 저쪽 길로 갔는가!

네 발자국을 따라서
아픔을 꾹꾹 밟으며 갔을
그 마음을 더듬으며 걷는다

해가 잘 비쳐서 좋다고 했던
창가에 멍하니 서서
너도 바라보았을 이 풍경

창 너머 풍경은 그대론데

오월에 멈춰 버린 너의 공간

아픔으로 쌓인 뽀얀 먼지
네 숨결 깃든 구석구석
아팠던 지난 일상을
거꾸로 돌려 보고 나온다

이 공간에 마침표!
물음표가 힘겨워
"왜?"는
인제 그만

나에게는
네가 도파민이고
세로토닌이었는데~
좋아하는 음악도~ 엄마도
그것을 줄 수 없는 것이더냐?

가물가물 가로수 아래로
네 발자국을 따라 걷는다

그때 함께 걸었던 그 길
떠나고 없는 빈자리
확인시켜 준 공간

음악작업실 가는 길
꿈이 어린 이 길
꿈을 접은 이 길
사람이 없는 새벽길에
네 마음을 담으며
너를 그리면서 걷는다

아픔을 준 것은

바이러스 바람이 휘익 불어와
A형 독감에 걸렸습니다
머리에서 가슴까지
바이러스를 꼭 끌어안고
전쟁이라도 하듯 뜨거운
불기운을 뿜어냅니다

바이러스 좀비처럼
되어 가던 어느 날
더 마음을 불태웠을
나쁜 친구 바이러스

튼튼해질 때까지 지켜보다가
제 풀에 지치면
살며시 떠나가다
스스로 길러 내서 악마로 변화시키는
미운 바이러스를 생각합니다

조금이라도 휩쓸리면
함께 무너지게 했을
○○ 특공대 같기도 한 바이러스

1, 비교와 욕망〉
그렇게나 기쁨과 희망을 주는 음악으로 뛰었는데
인정의 욕구와 성취감은 누구를 위한 것이었나
그냥 맑은 음악 속에 흘러가는 과정이 삶이고
그대로가 아름다운 감동이었는데 ~~ 어딘가 무언가
비교와 욕망이란 바이러스가 힘들게 하지는 않았을까!

2. 좌절과 패배감〉
우리는 항상 무언가를 향해 가는 과정에 있을 뿐
존재 자체로 기쁨이고 음악이었던 시간
끝은 생각할 이유도- 필요도 없잖아
두려움과 불안감, 외로움과의 갈등 그것들은
천천히 만나고~ 버려도 되는 것들인데!

3. 집착과 중독〉~~ 왜
건강을 잃을 만큼 잠도 없이
음악이란 굴레 ~ 소리의 고뇌 속에서만 맴돌다가
음악 속에 갇혀서 다른 것은 보이지 않는
무기력 가운데서도 음악이란 터널 속에만 갇혀 있으면
힘이 나는 음악중독처럼
할머니께 야단맞고도 버릴 수 없었던 음악으로의 집념
그 음악을 어떻게 놓아두고 갔어!

모든 게 ~~ 다
예전 그대로인데

너만 보이지 않으니
그냥 있는 그대로 아름다운 존재감을
무너뜨린 미운 바이러스
잡아 주지 못한 바이러스를 헤아립니다

고통 주던 바이러스가
자존감이던 음악을 밀어내고
아픔의 이별을 주었나!
악마의 바이러스가 없는 곳
예전의 그 맑은 곳에서
곱고도 선한 눈빛
그대로 머물 거라고~~!!

그렇게 연약한 네가 아니었는데
엄마도 모르는 사이에
독감보다 더 아픈 바이러스가 숨어들었나!
맑고 고요한 얼굴로 돌아서며
그리움과 미련만을 남긴 아들!

어디에 있어도
보이지 않아도
사랑한다!~ 일호야!

보광사 '이별 합창단'

속초에서 휴식하고 있던 어느 날
부처님 축하 공연을 한다고 했지!
그때~ 네가 공연했던 그 절에서
네가 만들어 놓은 음악으로
너와의 이별식을 한다

구슬픈 가락의 화음
눈물로 부르는 합창
울지 말자고 한 다짐은
지킬 수가 없구나

너 자신을 위한 이별 노래
오늘을 위해 준비해둔 것이냐
생각지 않던 합창단의 노래가
한편 고맙고 한편 슬프게 한다

스님께서 만들어 주신
너의 음악 영상 파워포인트가
가슴을 들썩이게 하고
이 땅에서의 마지막 고개

모두 태우고 재로 남기는

뼈아픈 의식의 노래

치솟는 아픔의 찌꺼기마저
남김없이 보내 주라는 기도
감사의 눈물로 닦아 냅니다

다 태워 흘려보내고
인사만 나누려 했는데
어찌 그리 슬픈 노래를
어찌 알고 미리 와서
준비해두었단 말이냐

이승을 힘겹게 넘어온
일곱 번째 마지막 고개는
눈물이 아닌 좋은 마음으로
가볍게 잘 갈 수 있도록
길을 비켜 내어 주고
편히 놓아주어야 한다는데

이별의 노래 속에 묻혀
마음이 부서져 내린다

효도 받고 싶은 욕심
보고 싶은 욕심은
합창단의 노래에 담아

날려 버려야 하는 날

편히 갈 수 있도록
마음을 내어 주고
좋은 마음으로 길을 비켜 주고
온 마음으로 빌어 주랍니다

고달팠던 시간
행복의 순간도
모두 뒤로하고

이 땅의 아픈 인연은 끊어 내고
슬프고도 아름다운 노래를 따라
새로운 행복의 빛으로 편안한 곳
음악과 빛이 아름다운 세상에서
영원한 평안과 기쁨이 함께하기를~!

꽃이 되어 맞을게

하고 싶은 말도 못 전하고
불러도 대답 없는 아들
멈춘 시계만 부둥켜안고
마음만 반짝일 수 있는 우리

이 땅의 집착을 접어 버리고
한 통의 전화는 모든 것을
끝내 버린 뒤였다 해도

네가 음악에 몰입했듯
남겨진 네 귀한 마음을
적으면서 따라가 본다

주고 싶은 것들의 허무함
받고 싶은 것들의 무상함

네 삶의 의미는 음악이었니
추구하던 소리가 끊겼다 해도
여기서기 산식돼 있던 소리
어딘가에서 흘러나오면
너인 듯이 만나
기도하며 들을게

기쁨의 화신이고 사랑의 샘물
맑은 물소리로만 졸졸 흘렀는데
대롱 속에 갇힌 시간이었니?

영혼의 끝에 붙은 희망
그 노래와 햇살 사이
긴 바람으로 불어 가렴

맑은 하늘빛에도
구름이 모여들어
무거워 힘겨운 날은
비가 되어 쏟아 내 보렴

이 세상의 모든 만남은
사랑으로 향하는 길목에서 맞는
순간순간의 소나기

소나기 같은 아픔
푹 젖어 말리기도 하고
다시 만나는 그때는
보고픈 사랑의 욕심에서도
자유로워지자

바빠서 아니~ 말 안 해도
다 아는 줄 알고

그때 말 못 했던 사랑
눈치 보며 멀어졌던 마음
말하지 않아 뭔지 몰라서
못 들어 준 욕망의 통증
생각 안 나서 못다 한 말

모두 끌어안고
나비구름으로 떠올라
바람에 털어 내고
소나기처럼 쏟아 내면

엄마는
꽃이 되어 맞을게

무게

그가 떠난 이후 하루하루가
아픔의 무게로 쌓입니다

오늘은 구름을 더한 무게
겨울은 흰 눈을 더한 무게로

무시해도 되는
그 무게에 눌려
일어서기조차 힘들어집니다

며칠을 두고 장마가 진 가슴
아직도 내릴 비가 많은지
건들면 쏟아지는 눈물비의 장마는
언제까지 이어질지
그만 내리라고 눌러도 봅니다

눌려서 못 견딜 만큼의 압력
빛날 만큼의 압력인지
무너지게 할 압력인지
딛고 일어서기도 하고
받아들여 견디기도 하고

이런 슬픔과 그리움
아쉬움과 미안함의 무게
무지막지한 압력에 눌리고 계속 눌리면
다이아몬드가 되어 반짝이기도 할까요

네 노래와 관객의 웃음은
다이아몬드보다 빛났는데
~~
넘쳐 나는 세상의 무게
마음을 짓누르는 감정
그 압력을 못 견뎌서
아픔으로 변했을까요
~~
충분히 잡아 줄 수도 있었는데
그 무게 덜어낼 수도 있었는데

혼자서는 너무나 벅차서
너 혼자만 감싸고 있다가
그 무서운 세월의 압력에 눌려 버린
누구도 어찌할 수 없었던
불가항력의 사고
하늘도 땅도 실수한
억울하고 안타까운 사고

아쉽고도 서운한 그만큼
너와 함께한
세상 속의 짧은 인연은
최선을 다한 만큼 아름다웠다

비밀리에 계획된 업보라 해도
너로 인해 찬란한 음악 속에서
행복의 꽃인 듯 지어 본 웃음
곁에 있어 고마웠던 순간만을 떠올리며

일호야
이제는 우리 모두
무게 없이 가볍게 가자

입학

언제가 졸업인지도 모르는 입학
업의 결과에 떠밀려
새로운 문으로 들어간 입학
끝없는 영혼의 흐름을 따라
엄마의 눈물로 밀려간 입학

음악을 타고 영혼의 음악 학교로
원치 않은 입학을 했을까요

넌 계속해서
원치 않은 학교만 입학하는구나!
원치 않는 학교에 보내서 미안하다!!

아들 곁에는 항상
음악이 있었고
함께 모여 노래 부르는
그 노래로 영상을 입히며 일하는
멋진 친구들이 있었습니다

즐거운 만남이 있는
감정으로 소통하는 아름다운 공간
그 친구들과의 공연을 미루고 간

~ 이 땅의 졸업이 있다면

보랏빛 영혼으로 부르는 끝없는 노래
빛을 타고 흐르는 새로운 세계의 입학

아픔의 건반 위를 구르던
이별의 연주로 슬픔을 떠나보내고
또 다른 희망의 노래가 우주 속으로
울려 퍼져 나갈 거야

전시, 음악, 영화음악
공연 속에 감동이 있었고
삶의 밑바닥을 흐르는
화음만 만들던 너의 삶
이 세상의 화음이 힘들었어?

아름다운 음악만 알던 네가
어두운 욕망에 떠밀려
영원으로 향하는
이별의 덫
그리움의 덫
영혼의 소리를 뚫고
상실의 터널을 지납니다

음악을 향한 마음과 마음이
별빛을 따라서

지켜보기만 한 업의 결과
보의 벌〉처럼 받아들이며
혹독한 아픔의 순간 뒤로
영혼의 문을 향해 다가가
비장한 각오로 새로운 문을
열고 들어갑니다

그가 꿈꿔 온 음악의 세계가
우주 속에서도 계속 이어지다가
언젠가 또다시 만나는
편안한 입학
그런 새로운 입학의 문을 그려 봅니다

아이와 나

아이가 되어 갑니다
하얀 도화지에
반짝이는 별을

하얀 스펀지에
새로움의 꽃을
그리기 시작합니다

미지의 세계로
새로 열린 알 수 없는 문으로
예전의 작은 아기가 되어 들어가 버렸으니
나도 따라서 아이가 되어 갑니다

물 위에
모래 위에
하늘 위에
망가져도 좋은 그림
그리자마자 흡수되는 그림
마구마구 그려 봅니다

푸른 흐름 속에서
물장구치면서 따라가

반짝 별을 만나겠다고
환호하던 아이

온 세상을 담은
작은 놀이터에서
마냥 행복한 웃음 짓던 아이

음악만 있으면
노래만 있으면
세상을 다 가진 듯
환호하던 아이는

지금쯤
그 신비로운 놀이터에서
무슨 노래를 만들어 연주하고 있을까

그냥 흘려 버리고
그냥 감싸 안고서
그 흔적을 따라 아이의
행복해하던 미소를 그립니다

아이는 모르고 신기해서
노인은 알지만 가여워서
다르기도 하지만
비슷하기도 합니다

고요한 어둠 속에
쌓이는 시름은
출렁출렁 깊은 바다 밑으로 내려 두고

하얗게 부서지는 파도 위로
전해 오는 물방울의 노래
반짝이는 별빛 이야기로

푸석한 모래밭에
미안한 이야기를 적으면서
아이 곁에 머무릅니다

괜찮아

해님이 구름 뒤로 멀리 숨어
그림자도 안 보이는
잿빛 호수

괜찮아!
안 보여도 거기 있잖아!!
우주 속에 다 숨겨져 있어
아들이
1983년 12월 17일
그 뒤로 숨어 버려
잿빛 마음이 되었습니다

'괜찮아!' 네 마음은
'엄마 가슴에도 있고~!'
'남겨진 노래에도 있어.'
우주 속의 다른 곳으로 이동한 거야

41년 동안 꿈을 펼치다가
세월을 거슬러 간 그 공간
너도 내가 만나지 못했던
그 시절로 돌아간 거야

'괜찮아'
'맑고 편안한 그때 그 시간'
'아기의 모습으로 안겨 온 거야'

아픈 바람이 그리로 불어
선한 반짝임만 남기고
아픔 없는 공간
1983년 그 이전 텅 빈 가벼운 공간으로

유서 같은 노래만 남기고
노래와 그리움만 전해 주고
83년 이전으로 돌아가
친구들은 서러움의 연주를 합니다

'괜찮아'
그때와 지금은 이어진 한 줄기
아직도 남아 흐르는 너의 노래
전해 주려고 애썼던 희망의 노래

여전히 유튜브 속에는
희망이라고 써진 슬픈 선율이
열 손가락 영혼을 타고 흐르잖아

그래~ 보내 주마
악령에게 휩쓸리기 전

해맑은 모습으로 갈 수 있게
꼭 잡고 싶은 그 손
이제 그만 놓아줄게

괜찮아
남겨진 노래도 있고
돌아볼 추억도 있잖아
너를 그리워하는 아내와 아가

이 땅에 남아 이어지는 마음 위에
넌 거기서
별빛연주를 하고
우리는 별빛 따라 마주 보며
마음의 귀를 하늘에 기울여
별빛 타고 흐르는 노래로 만나자

공연

희망의 노래로
전해 주고 싶었던 팸플릿은
방문 앞에 붙어 있는데

연주하는 너도
감동하는 관객도
이미 흘러가 버린 시간

지난 공연 때처럼 거기 그 자리
단풍잎 사이로 아른거리는
그림자 얼굴

그 겨울을 준비하는
열정적인 공연준비도
자연의 빛깔이 모인 공연
세상의 표정이 모여 들여

순간순간 지나는 공연
가장 빛나고 아름다웠던 순간
가을 공연은 여전히 시작됩니다

아픈 것도 옛이야기
이별도~ 옛이야기
봄. 여름의 푸르름은 벌써 지났는데
잡으려고 몸부림치는 악몽

바스락거리는 단풍잎의 공연처럼
아기 나무의 흔들림도
관객들의 출렁이던 감동도
기을빛을 따라 흘러갑니다

앙상한 몸을 하늘빛으로 감싸고
무서운 상실감으로 나와 똑같이

떨고 있을
아기 나무

추운 겨울로 향하는
상실의 공연 무대에는
오늘이 아닌~〈어제〉만 있네
유튜브 속 네가 좋아한 노래
〈어제〉〈Yesterday〉에 맞춰
낙엽이 흩날립니다

희망이라는 제목으로
튀겨 나가듯 현란한 손놀림
건반 위에서 춤을 추던
그리운 손가락의 공연

첫 번째 겨울을 맞아
아기 나무가 견디어 내는
춥고 아픈 늦가을 가을 산의 공연

41번째 가을 공연장에 모인
맑게 빛나는 고운 빛 공연에
먼 길 달려온 초겨울 바람이
긴 박수를 보내 줍니다

상속

'계속 함께 울자.'와
"그만 잊고 정신 차리자."
'찾을 수 없어!'
'기다리지 마!'
'모두 다 상속하라고 하잖아.'

얘기만 들어도 아파서
말도 못 꺼내게 했던 상속
6개월 안에 해야 한다고 하니
이 땅에 적힌 일호 이름을
하나씩 지워 나가야 합니다

"산산이 부서진 이름이여"
"부르다가 내가 죽을 이름이여"
김소월 시인의 〈초혼〉 속에 있는
그 아픈 이름이 이런 이름인 것 같아
마음이 부서집니다

휴대폰의 이름도 가족관계증명서도
집도~ 차도~ 저작권도
이름마다 까만 도장을 찍어
이 땅의 흔적이 지워져 가니

더 깊어지는 이별의 늪
저 세상과 이 세상의 분리

기억하고~ 추억하면서
상속의 허전함에도
허우적거리며 빠져나가야 합니다

두근두근 화끈거리고
꽉 막혀 아프게 하는 상속
사람의 의지가 아닌
신의 실수 같은 의지일지라도
하나씩 이름을 지워 가야 합니다

이렇게 다 버릴 것을
악기와 소리는 무엇이었고
너에겐 진정 무엇이 필요했었니

아픔의 무게도 흐르다 보면
더러는 무뎌지고 가벼워져
어딘가 또 다른 바람에 밀려
원하던 세상이 아니더라도~
또 다른 세계를 향해 열린 문

꼭
행복의 문

사랑의 문이 아니더라도
바뀐 세월의 문이
어떤 형태로든 열려서

고통의 날개는 바꿔 달고 퍼덕이며
또 다른 푸른 세상을 향해
더 가볍게 날아가려면
이 땅의 무거운 것들
모두 다 내려놓아야 한다니

안 한다고 우길 수도 없는
상속도
새로운 문을 통과해야 하는
애도 과정의 하나인가 봅니다

생일날

첫 번째 생일
아니
마지막 생일
케이크를 들고 절로 갑니다

부처님 앞에 생일 케이크를 놓고
스님의 기도에 마음 기울여
나지막이 아들의 이름을 불러 봅니다

그때 처음 널 만났던 날은
세상을 품어 안았는데
지금은 작아진 사진을 놓고
가슴과 이마만 바닥에 조아립니다

목탁 소리에 마음을 돌려
생일축하 촛불을 켜 놓고
떠오르는 큰 눈망울에서
녹아내리는 뜨거운 눈물

그리움을 태우는 촛불
축하의 노래가 아닌
대웅전의 커다란 촛불 아래서

스님과 드리는 생일기도는
이별과 상실도 고행이고
보고 싶은 마음속 형벌
스스로 벌을 청해 놓고
스스로 벌을 받는 의식입니다

성냥으로 촛불을 켜고
축복의 노래를 부르는 대신
내려놓으라 하시는 스님 곁에서
보고 싶다는 말이 하고 싶어

마음을 쿵쿵 때려
새로운 문을 열어
지나간 그동안의
마흔한 개의 촛불

바닥에 더 낮게 구부려 그동안
기쁨으로 타오르던 41개의 촛불
아팠던 촛불 뒤로 따라가 봅니다

첫날 울고 만났던~ 너
그날 기쁨으로 웃으며 만난 나
여기 보광사에서
나만의 눈물로 이별한 우리

처음 만날 때 네가 흘렸던 눈물이냐
눈물과 웃음은 언제까지나
기쁨과 슬픔의 주사위는 굴러가며
교차 되는 줄 알았는데
웃음으로 하는 이별을 준비해 둘 걸
케이크에 담아 준 촛불의 숫자는
이제 의미가 없습니다

순간순간의 촛불을 이어 가
마음에만 켜야 합니다

사람들의 함성에 연꽃도 하늘로 피어나
마당에 넘쳤을 축하의 노래
너의 두 발로 바삐 뛰어다녔을 이 공간

태어나던 첫 울음소리
고요하고 적막한 절에서 맞이한 생일
그날 보광사 마당을 울리던
축하 음악 소리가 그리워
어두운 마음자리에 촛불 하나 켜 두고 옵니다

엄마 산소

화려하고도 짧게 살다 간
〈멤피스〉~ 어느 가수의
작고 예쁜 정원 묘지를 보고
엄마를 위한 마지막 선물
아버지에게는 첫 선물처럼
짧은 동안 곁에 모시고 싶어

"내가 잘 했어!"
스스로 칭찬하고 준비했던 묘지 산
아버지와 친정엄마를 그리며
뿌듯한 마음으로 모셨는데

딸의 영역 아들의 영역 얘기해 주신
외할머니를 생각하며 모신
어머니와 아버지를 모신 묘지 산

그런데
여기에
아들의 묘지라니요/

거기에 오늘은
아들의 벌초라니요/

깎을 때마다
뾰족뾰족 찌르는 벌초
깎지 말고 추석빔처럼
고운 새 옷을 입혀 주고 싶은데
세월 따라 시간 속으로 벗겨지고
깎아내야만 합니다

영원한 집을 만들어 주신 묘지 사장님께서
한숨 섞어 벌초를 해주십니다

빌어 줄 수만 있을 뿐
아무것도 해 줄 게 없는 인연
잔디만 깎아 줄 수 있는 인연
바라보기만 해도 아파서
인정하기 싫은 묘지

유유히 사라졌다 모였다
형벌처럼 남겨진 인연의 찌꺼기가
아픔의 구름처럼
조금씩 움직여 가는 묘지 산

다 내려놓고 떠난 일호/
편히 떠나보내 줘야 할 인연과
벌초해야 하는 인연/

새 인연에 두려움은 깨고
저항 없이 맞이합니다

고통의 매듭을 풀고
좋은 곳에 흐르도록
마음을 터 주라는
스님의 좋은 마음처럼
더 좋은 긍정의 방향

살아야 할 이유가 있으면
떠나야 할 이유도 있는가!

멀리만 있는 영원이라는 것
영원으로 달아나는 것

마음에만 담을 수 있는
푸른 하늘~~
영원 속으로 사라져 간 자리는
사랑의 추억으로 채워 갑니다

눈물을 먹고 자라난
마음속의 잔디
내 마음에도 벌초를~!
뾰족뾰족 아픔에서 벗어나
푸른 하늘이 보이도록-!

마산봉 추억

하얀 눈 속에 피어나
새봄을 그리는 보랏빛 수채화
마산봉의 얼레지 밭에
보랏빛 바람이 붑니다

봄과 바람난 얼레지
봄바람과 만나고 싶어
눈 속을 뚫고 급히 나와 떨고 있는가

들판에 핀 줄 알았는데
무거운 정이 터덜터덜
파란 하늘을 향해
산꼭대기를 올라갑니다

덜컹대는 트랙터 바퀴에 놀라
덜 깬 눈을 뜨고 반기는 얼레지의
보랏빛 추억이 어린 마산봉

너와 여기서 참나물과 곰취도 뜯었지
"엄마, 나물이 어디 있어요?"
"그냥, 산 향기에 묻혀 헤매는~"
"보물찾기라서 재밌는 거야~~!"

"이렇게 힘든 보물찾기~ 이젠 뜯지 마세요!"
그 말이 엊그제 같은데
그때 너랑 같이 봄에는 나물도 뜯고
겨울에는 스키도 탔었지

그 밤 홀리 백설 식당의 두부찌개로
깔깔대며 녹이던 따뜻한 겨울 이야기
스키장만큼 좋았던 백설 식당의 정 깃든 맛

눈 날리는 날의~ 하얀 반짝임
밤 스키가 그리운 마산봉

그때 네 웃음도
온 산을 누비며
스키를 타고 미끄러졌는데
세월이 힘들게 하고
넘어져 아파도 그냥 그때처럼
미끄러질 수 없었나

세월도~ 우리도
스키를 타듯이 오르락내리락
리프트 아래는 풀이 돋고

웃음도
추억도

세월 따라 소복이 쌓여가
멈춘 스키장은 고요합니다
산은 더 늠름해진 모습으로
나는 더 작아진 모습으로
너는 멀리 보랏빛 영혼으로
미끄러지지 않는 고요한 스키장

다시 미끄럼 탈 수 없는 너와 나처럼
멈춘 스키장에는 추억만이
눈 속을 뚫고 얼레지처럼 피어납니다

보랏빛 영혼으로 만나
더 오래 기억하고 싶어서
풍경 속에 맴돌다가
멈춰버린
한 점 한 점
그리운 순간이
눈 날리는 밤 스키를 타듯
미끄러져 갑니다

스님을 만나면

스님을 만나면
일호도 아닌데
일호를 본 것처럼
제 미안한 마음만
끝도 없는 반성처럼 말합니다

아니
부끄러움도 잊은 채
계속 울어 댑니다

스님은 얼마나 괴로우셨을까요!
고맙다고 웃음을 드려도 미안한데
만날 때마다 눈물만 드리는데
스님 얼굴은 연꽃처럼 피어나고

내 얼굴은 날이 갈수록
울고 싶어 정신 못 차리는
찌그러진 얼굴이 되어 갑니다
내 마음이 천국이어야
천국이 보일 텐데요
네가 사라진 까만 자리에서
내 모습도 보이지 않다가

안 보던 거울에 비친 얼굴을 보고
이젠 정신이 조금 드니
영정사진의 추억이라도 둘러보고 싶은데
정신이 조금 났는지, 그 절에
갈까 말까 망설입니다

나 말고도 울어 줄 사람이 많을 텐데
스님이 울라고 가르친 것도 아닌데
스님은 그만 울고 편히 보내자고 하시는데
스님을 만나면 자꾸만 눈물이 납니다

그것은 아쉽고 안타까움의 기억
축하 공연을 하면서 좋은 얘기 나눴을 스님 곁에는
항상 아들의 웃는 얼굴이 거기 서 있기 때문입니다

"여기까지입니다."
"받아들이십시오."
처음 만나 스님의
차가운 첫 마디에

'그게, 안 되는데요~!'
'스님이 참 부럽습니다.'
반항하는 마음도 생깁니다

생각도 못 했던 칠석 문화제 날

함께 모인 3백 명 속초 시민들과 함께
일호의 추모 시간을 만들어 주셨다는

스님의 따뜻한 마음과 기도가
너무 감사해서 다시 울컥
울지 않으려 해도 고마움에 또다시
울면서 눈물로 아픔을 씻어 냅니다

스님께서 올려 주신 아들의 추모 기도 영상을 받고서
고마움의 무지개가 떠오릅니다
고마움도 희망

부처님의 눈물 같은 스님의 기도
그리고 내 눈물의 의미
삶과 죽음도 하나로 이어진 동전
동전을 굴리며 희망의 눈을 틔우는
고마움을 따라
끝도 없는 반성 일기를 씁니다

마지막 생일문자

문자도 한순간
축하도 한순간
또 다른 모습의
또 다른 생일
작년 생일날에는
이런 문자를 보냈는데

지금
절에서 생일을 치르고 보니
생각나는 작년 생일축하 문자
- - - ~ ~ ~
아들! 생일 축하해
추워도 화창한 날이네~
다섯 살 ○○에게
"너 참 멋지다!" 했더니
"나는 멋진 사람보다
귀여운 사람이 더 좋아요!"

난 참 모르는 게 많았네
"그래~ 넌 이미 엄청 귀여워!"
유쾌한 웃음을 주었었지!

그 아들에게 가장 힘이 되는
예술만큼이나 아름다운 자리
그 가치를 아는 따뜻한 가장~!!
소중하고도~ 멋진 아들이다

세상 모두가 재밌고 신기한
착하고 해맑은 ○○는
일호 어릴 적 모습을 보는 것 같아
사랑스럽고~
궁금한 것에 관심이 많아
자랄수록 멋스런 ○○는
희망으로 커 가고
~~
그 모두를 품어 주는 ○○가
일호 곁에 있어 든든하고
엄마. 아빠의 마르지 않는
영혼의 샘물 같은
사랑으로 자라는 ○○와
기쁨으로 커 가는 ○○의
행복하게 웃는 모습-
있는 그대로를
지켜 주는 것이 · 바로
우리들의 행복이기도

소리 질러서 겁먹게 하지 말고~

맘 허전하게 하지 말고~
멋진 음악의 화음보다 아름다운
가족들의 웃음과 사랑의 힘으로~
아름다운 영화음악처럼
스스로 행복하고
빛나는 주인공이 되어 가 봐
- - -
마지막 문자를 보내던 그때라면
너와 나는
무슨 말을 나누어야 할까요

그리움의 별

눈을 마주치면
사랑의 별이 하나씩 만들어지던
그때

가슴이 마주치면
세상 속으로 걸어나가도 두렵지 않고
따뜻하다는 걸 알아 가던
그때

"엄마!" 하고 부를 때마다
두려움이 사라지고
미소가 만들어지던
그때-
엄마는 그 자리에 없었습니다

서울로 이사를 했고 아기가 잠에서
눈을 뜨기도 전에 멀리 직장을 향해 집을 나서는
엄마의 발은

함께 있고 싶은 아가의 발과
꽁꽁 묶여 있었지만
엄마는 그 간절한 고무줄을 잘라 내고

새벽 출근길을 나서야 했습니다

온종일 마주치고 싶었을 눈을
혼자 깜빡이고 있던 아가는 홀로 울다가

엄마는 잠든 아가의 눈만 마주하면서
점점 남의 눈처럼
점점 낯선 눈빛으로
그리움을 알려주는 시작점

훌쩍 큰 아기가 말을 배우기 시작한 어느 날
엄마와 눈을 마주치지 못해서인지
눈을~ '눈탱이'로 알고 있던 너

가슴으로 다가오지도 못하고
말로도 전하지 못했던 사랑
엄마의 낯선 빈자리

뭔가 조금 아픈 그 상태로
뭔가 조금 허전한 그대로
세상이 아가를 두렵게도 하고
애착이 부족한 아가를 외롭게도 해서

내가 주었던 긴 그리움
지금

너에게서 받아야 하는
그보다 더 긴 그리움

까맣게 변한 마음에는
그때
눈을 마주치지 못해 만들어진
그리움의 별만 떠오릅니다

달빛 그림자

너의 커다란 눈망울에는
꽃이 담겨 있었고
별이 담겨 있어서
어느 날은 별 이야기
어느 날은 봄 이야기를
노래와 공연으로 전해 주었습니다

예쁘고 선한 네 희망의 봄눈을 볼 때마다
엄마 마음은 언제나 꽃이 숨어 있었고
꿈꾸는 초원은
온통 꽃으로 덮여
언제까지나 피어날 거라고

따뜻한 노래를 연주하면
세상이 꽃 닮은 노래로 출렁일 거라고

나는 그의 노래에 맞춰 언제까지나
춤을 출 줄만 알았습니다

그러나 지금 박수 소리 들썩이던
공연장은 텅 비었고
그 노래가 흐르던

유튜브는 2024년 5월 9일
문을 닫았습니다
마지막 희망처럼 다니던
대학원을 그만두던 날
차 사고로 입원하던 날
~~
큰 아픔의 눈금으로 읽은 사람은
아무도 없었습니다

세차게 몰아친 눈보라에도
춥다는 말 한마디 안 했던 터라
동그랗고 선한 눈망울이 뾰족한 세모로
뾰족뾰족 세모난 빛이 다가와
마구마구 찔러 대는 줄 몰랐습니다
동그란 마음이 부서져
뿔난 마음은 어떻게 굴러도
자신을 향해 찔러 댑니다

투명하고도 맑은 마음을
세모가 되어 찌르는데도
아프다는 말 한마디는
끝내 하지 않았습니다!

세모가 된 마음도
나와 함께- 우리 함께

잘 맞추면 동그라미도 되는데/
난 항상 너의 뒷모습만 보았네/
그림자처럼/

41년 동안 채워 준 행복
하얀 슬픔의 스크린 위에
달빛 그림자로 스쳐 갑니다

맨발 맨땅

맨발로 맨땅을 걸으면
멈추게도 하고
스멀스멀 전해지는
우주의 생명력

밀고 당기는 힘에 이끌려
우주의 어느 공간으로
옮겨간 아들도

맨손으로
맨발로 갔습니다

신발도 많았고
장갑도 있지만
어느 것 하나
쓸모가 없었습니다

마음은 맨땅이 되고
맨땅은 우주가 되어
그를 품어 안았습니다

푸른 바다 저 멀리

푸른 하늘 저 멀리
따뜻한 기온이 몰려와
따뜻하게 안아 주었습니다

계절도~ 나이도
추위도~ 무더위도
시간도 없다는 그곳

세월의 파도 소리에~ 발맞추듯
쉼 없이 그 위로 걸었으니
-발도 많이 아팠을 겁니다

아침부터 한밤중까지
검은 건반 흰 건반을
뛰듯이 튕기고 다녔으니
-손도 발도 많이 아팠을 겁니다

부르고 싶은 노래
하고 싶었던 공연
모두 두고 갔으니
-얼마나 외로울까요

이 세상에서 한 약속
저 세상의 준비도
버킷리스트에 올려

좀 더 일찍 엄마와
함께해 보자고 할걸~^^

모래알 속에 숨어
푸른빛에 물들어
파란 물방울 같은
이 땅의 이야기가
하얗게 부서져 내립니다

걸어가는 모래밭에는
샤우르르~ 샤우르르~
알 수 없는 대답만이
그가 남긴 메시지로 남았습니다

전쟁

그 밤은 분명 전쟁이었습니다
터질 듯 두근대는
심장을 움켜쥐고 벌벌 떨었습니다

까만 진흙을 뒤집어쓰고
허우적거리다 일어서면
다시 화염 속을 뛰어서
가시덤불 속에 숨기도 하고
뿔뿔이 흩어지기도 했습니다

불길 속으로 보낸 이도
싸워야 할 군인 또한 사람인데
불길인 줄 알면서도 들어가고
무서워도 억지로 가야 했던
험한 전쟁의 길이었을까요

무엇을 위한 누구를 위해
까맣고 하얀 갈림길에서
두려워 울어야 했을까요

어디로 가는지도 모른 채
정의의 해답도 듣지 못하고

피 흘려야 했던 선한 이름

두려움으로 불어든 바람
서슬 퍼런 세월의 칼날 앞에
시퍼런 눈물 흘리며
끝없이 절규했을 갈등의 갈림길

간절한 기도가 통한다면
어딘가 마지막에는
선한 삶으로 가는 승리의 깃발이
펄럭여야 하는데

아프게 하는 악귀
갑자기 만난 악령의 장난질에 속아
이 나라에서 저 나라로 끌려다니며
전쟁을 바라보던 눈동자에는

악귀는 안 보이고
꽃향기만 보여서
그 속임수에 어둠의 길을 걸었습니다
악령과 악귀가 모여들어
가는 길을 방해 부린 전쟁터

보내는 사람과
떠나야 하는 사람의 명목이
서로 다른 전쟁

전쟁에는 이런저런 명목이 있지만
그 어떤 명목도 없이
외로운 전쟁 앞에

수많은 눈물과 애도는
희망의 응원군이 아니었던가!

두려움이 몰아치는 한순간
악령의 두려움에 가려
희망의 응원군이
보이지 않았나 봅니다

연

이쪽 하늘에는 비너스 별
저쪽 하늘에는 제우스 별
반짝임을 따라가 봅니다
반짝이는 수많은 별 곁에
더 손짓하듯 애태우는 별
그때부터
별을 찾아보는 습관이 생겼습니다

하늘만 향해서 날아오르던 연
잡고 있던 연줄이 끊겨
날아간 그 순간부터

가느다란 줄에 매달려
노래하고 춤을 추다가
갑자기 끊어진 연줄

세차게 불어오는 바람에
꼭 쥐어야 할 얼레를 놓쳐
휙- 날아가 비렸습니다

얼레를 잡던 두 손을 펴서
까만 하늘로 벌려 봅니다

높은 하늘 멀리서 내리는
검푸른 빛깔이 달려와
그 연을 집어삼켰습니다
연도~ 실도~ 얼레도
파랗게 물들었습니다

연은 저 멀리 사라지고
뚫어지게 쳐다보던 내 마음도
붙잡고 있던 손도 모두
파랗게 물들어
비가 내리는 날은
푸른 물이 뚝뚝 떨어집니다

바람이 불 때마다 어리바리한
엄마의 가슴 위로
푸른 바람이 불면
두 손과 마음을 크게 열고
오늘처럼
하늘이 푸른 날은
울산바위 위에서 기다릴 것 같은
그 연을 따라가 봅니다

그리다 보면 언젠가
다시 떠오를 것 같은데
어느새 까만 밤이 되면

새롭게 반짝이는 별

빈손에 담긴 아련한 추억
연줄 날아간 먼 하늘에서
반짝이는 별
이젠 손잡을 수도 없고
마주할 수만 있는 별

파랗게 물든 가슴에 뜨는
가여운 별 하나
그 별은

내가 날려 버린 바로 그 연
오늘도 연줄 따라
가여운 별빛이 떠오릅니다

아픔의 별도
사라진 별도
새로 떠오르는 별~ 모두
가슴에 담아 반짝여 봅니다

나쁜 독감

어깨에서 등줄기로
서늘한 아픔이 내리더니
가슴에
딱 달라붙었습니다

참을 수 없이 간질간질
부글부글 끓어올라
콜록콜록 뿜어내
맘대로 설쳐 대는 동안
뿜어내도 뜨거워 벌벌 떨고 있습니다

내 의지가 아닌 어떻게 해 볼 수 없는
창을 든 악마의 모습으로
온몸을 꾹꾹 찔러 댈 때마다
거울 앞에 서면
바이러스 좀비 얼굴

감기쯤이야
얼른 본래의 얼굴을 찾고 싶은데
밖으로 나가고도 싶은데 누가 또
좀비가 될지 몰라, 좀비 얼굴로는
나갈 수가 없습니다

알약과 물약은 쌓여 가는데
그런 약에도 꿈쩍 않는
숨어든 바이러스의 장난에 눌려
나처럼 아프면서도 끌려다녔을
아들아~~!

너도 나처럼 이렇게 아팠구나
내 감기보다 더 아픈 줄 몰라서
약이 있어도 건네주지 못했습니다

짧은 아픔이 아닌 긴 시간
아파도 말없이 참아 가며
온밤을 꼬박 새워 가며
그리 많은 음악을 만들어
희망처럼 좋아했던 공연도
마지막 강의를 나갈 때는
더 많이 힘들어했다지

"어떻게 설 수 있을까!~"가
아픔의 신호였는데
마지막 신음소리를
알지 못했습니다

창을 든 좀비 바이러스와
혼자서만 싸워야 했구나!

알약도 아니고
탈모약도 아니고
몰라서 부족한 사랑과 이해
악마가 보낸 바이러스쯤은
우습게 생각한 내가 미안하구나!

그렇게 생각한 우리가
많이 몰라서 미안하다

내가 앓은 독감보다 더 심한 아픔
아프다는 말 한마디 없던
너라서 더 미안하다!

그렇게도 명랑하고
사람을 좋아하고
음악과 공연을 좋아하고
고운 꿈이 많은 너에게
왜 악마의 바이러스가
선하고 고운 마음을
급하게도 빼앗아 버렸나!

나처럼
콜록콜록 징징거리며 도망 다니지

안으로~ 안으로만
콜록거리며 아파도
들어 준 사람 없으니
알아 준 사람 없으니

혼자라서
더 많이 아팠을
밤새워 일해서 더 심해졌을
얄미운 통증에

세로토닌을 전해 주러 갈걸
도파민을 만들어 주러 갈걸
아니
약보다 더 강력한 치료제를
가지고 달려갔어야 했는데

속을 훤히 비춰 보는
햇살 같은 의사가 되어

심장의 시동을 켜 주는
응급실이 되어 함께 있어 줄 걸

낭떠러지

어디서든 흘러온 물결이라면
또다시
어디로든 흘러갈 텐데

어둠의 물결이
낭떠러지로 가는 길목에는
거스를 수 있는 물길도 없었고
잡아 줄 손길도 없었네

혼자 떨고 있다 만난
하얀 두려움
푸른빛으로 물든
시간의 낭떠러지

아픔을 피해 달려와
하늘빛으로 되어 내린
새하얀 물보라는
순간순간의
안개꽃으로 피어납니다

세월의 계곡에서
낭떠러지를 만나

생명으로 남고 싶은 이끼는
올려다봐도 두렵고
내려다봐도 무서워
바위에 짝 달라붙어 거센 물결을
흘려보내고
그 위에서는 물방울이 모여
미끄럼을 탑니다

바위틈을 흘러도
어둠 속에 숨어도
뿌리마다 스며들어
두려움을 떨치고
생명으로 이어져가는 물방울
낭떠러지를 만나
안개꽃으로 부서져도
그마저 사랑해야 할
고귀한 삶의 몸부림

부서져 사라진 것만은 아닌
잔잔한 '소'에 다시 모여
부서져 내린 추억을
푸른 하늘빛으로 보아

맑고 파란 영혼을 향해
흘러갈 준비를 합니다

파도

별빛 그림자가
물결 위에 아른아른
~
어둠 따라 내려온
별들의 이야기에
해변 가까이 귀를 기울이면
멀어져간 저 세상의 이야기가
솨~ 하고~ 전해져 옵니다

듣고 싶은 말
전하고 싶은 말
바위에 부서져 내리면
아픈 물방울의 이야기는
깊은 침묵의 바닷속에 머물고

푸른 너울에 햇살 무늬로
떠오르는 선한 얼굴이
석양빛에 길게 누워
오월의 그림자로 다가옵니다

만나고 싶은 추억의 장면에
마주 앉은 갈매기도 끼루룩

홀로 해조음을 화음으로
애타게 불러 대는
소년의 〈윈드서핑〉 노래

그 밤의 놀이터에는
〈바다〉로 쏘아 올리던 꿈이
〈윈드서핑〉을 탑니다

불꽃놀이가 터지던 모래밭에
하얗게 부서져 내린 파도
아침 바다의 그 배 위에
소복이 실렸던 금빛 희망

신나서 달려나가던 물방울
친구들의 힘찬 목소리에
밤바다를 들썩였던 노래
그 출렁임도 그대로인데

엄마 몰래 하던 불꽃놀이
영랑동 등대 해변의 추억
그때 쏘아 올리던 허무한 열정

이제
'그런 것은 필요 없다!'
저 파도 같은 주름진 얼굴

그 주름살 얼굴이 보고 싶어
애태우는 노인의 인내심으로
한숨을 토해 내는 파도

아파도 꾹 참고 있었을
아픔의 신호도 모른 채
떠나보낸 미안함
끝없는 질문의 파도
부서지면 또 올라오는
보고 싶은 그리움의 파도
끊임없는 파도 곁으로

하얀 달빛 얼굴을 실은 조각배가
노을빛에 밀려옵니다

아픈 눈

하늘이란 커다란 눈에
구름이 몰려와 눈물로 맺히면
눈을 감고 떠올려 보다
소나기로 쏟아 냅니다

사랑과 음악만이 담긴 맑은 눈에
아픈 구름이 낀 것을 몰랐습니다

항상
노래와 신나는 연주가
그 눈을 가리고 있어서
귀로만 들려오는 노랫소리
기쁨의 공연 소리만 들려왔습니다

까맣게 변해 버린 사랑의 노래
심장을 한 바퀴 돌아
뚫고 쏟아져 나오는
진한 땀방울에 가려
아픈 눈에 맺힌 눈물을 볼 수 없었습니다

이제야 이름을 부르면
그 아픔의 땀방울이

주르륵
소나기로 쏟아져 내립니다
아픔의 구름 사라지고 나면
푸른 하늘의 맑은 눈이 될까요

머릿속의 미안한 기억
마음을 어우르고 녹여
가장 순수하고 해맑은
슬픔의 향기로 토해 내면
영원의 빛깔 파란 하늘에
향기로운 백합꽃으로 피어날까요

고통의 눈물을 참으려다
아픈 눈이 되었습니다

반사되어 오는 게 없어
눈을 떠도 보이지 않고

마음에만 담아 두고
가슴으로만 흡수합니다

너에게로 향하는 그리움이
너를 그리면서 흐르는 눈물이
내 눈에서 나와- 어디로 가는가!

텅 비어 맑아진 공간
우주의 한가로운 모퉁이에서
영롱한 불빛 아래
영혼의 손가락 휘날리며 다가와

희망의 노래를 만들어 연주하는
열정 어린 모습을
투명하게 보이는 눈으로 만납니다

아픈 발목

깁스 한 발이
누군가에
어딘가에
부딪힐까 봐
발목에 〈눈〉을 달고
모르는 길로 걸어갔습니다

누군가의 잘못도 아닌
스스로 만든 상처
발목만 쳐다보다가
엉뚱한 곳으로 가서는
잡고 가 준 손만 원망합니다

발이 문제가 아닌
잡아 준 손도 문제가 아닌
방향이 문제였는데

돌멩이만 비켜 가다
모르는 곳으로 간 발
발이 왜 여기에 있는지
그 손을 뿌리치고 어디로 갈지 몰라
주저앉아 땅만 바라봅니다

낯선 곳이 두렵고
일어서는 것도 힘들고
눈은 발목에 묶어 둔 채
내민 손만 나무랍니다

이끌려 다른 곳에 가거나
혼자 모르는 길로 가거나
더 참고 걸어야 하는
넘어져 아픈 발의 몫

발목에서 눈을 돌리니
멀리
앞서간 가이드의
푸른 깃발이 보입니다

마주 보다 길을 잃어
아프지 말고
멀리 보이는 푸른 깃발

누군가의 애타는 손짓
푸른 깃발 위에 그려진 얼굴

아픈 발목에서 눈을 떼어
집착의 손을 놓아 버리고
푸른 하늘의 깃발을 바라봅니다

여행길

쉼 없이》
돌아가는 시계에 맞춰
한쪽으로만 조여 가던
일상의 나사를
거꾸로 돌려 봅니다

허구 속의 갈등과 혼란
순서를 바꿔 약분해도 아플 때는
느슨해지고~ 단순해진
삶의 굴레로 남의 소설인 듯
다시 적어 보고 싶은 날

내》
의지가 아닌 긴 여행 말고/
되돌아올 수 있다는 희망
마음 밭에 스민 햇살 따라/
훌쩍 여유로운 길목에서
또 다른 나를 만나러 갑니다

딱》
달라붙어 안 구부러지는
딱딱한 깁스를 떼어 내고

목발처럼 힘든 도구 대신
마음에 걸쳐 보는 날개옷
가벼움을 나누며 목발의
고통과 깁스 속의 아픔을
멀리서 내려다보는 시간

첨벙~~〉
고요한 호숫가를 맴돌다
고독에 젖은 내면의 물기
시린 물방울은 튕겨 내고
가벼운 날개를 퍼덕이며
떠남을 준비하는 철새처럼

서로〉
웃음 동무가 되는 순간
착각이어도 꽃이 되어
찰칵~~ 사진 속에서
그 삶의 지난 흔적들은
웃음꽃 화석이 됩니다

너와 나〉
떠남과 만남의~ 양 날개
사람 향기~ 사랑 향기로
가벼워진 날개 맞대고
V 모양 비행 대열 속에

파란 그리움으로 내립니다

아쉽고 안타까운 눈송이는
먼 길 내려와 눈물 흘리며
찰나의 풍경이고 그리운 얼굴

한 번도 경험한 적 없는
두렵고도 외로운 여행길
돌아온다는 약속 없는 여행길

만남의 설렘은 접어 두고
고요하고 적막한 여행
기약 없이 맨몸으로 떠난 여행길에~
혼자만 보내서 미안합니다

놀이터

빙글빙글 돌리며 놀았습니다
지구 봉의 속도로

지루함은 미끄러지고
웃음꽃으로 피어나던
여기도 놀이터
저기도 놀이터

이 세상은 음악이 흐르는
놀이터이기도 했을 텐데요

꿈을 쏘아 올리던
바닷가 놀이터에는
하늘을 수놓은 불꽃의 흔적이
아직도 반짝입니다

한 번쯤은 눈물이 나도
웃음으로 묻어나던 놀이터
그 **놀이터**에 **놀고 있어야 하**는 이들이
웃음소리만 맴돌고
보이지 않습니다

작은 발로 심부름 갈 때는
그네를 한 번 타고
올 때는 미끄럼을 타던 그 놀이터

꼭 숨겨 놓았던 음악작업실 놀이터
양우 아파트 놀이터, 공연장 놀이터
영랑동 모래 해변도
즐거움의 파도가 출렁이는 해변도
진흙탕도~~ 모두가 놀이터였잖아
어디서고 즐거움이 넘쳤던 너

마주 보는 너는 없고
하얀 눈사람의 기억만
하얀 눈물로 녹아내립니다

스스로 만들어 가던
이 재미난 놀이터 대신
외롭고 고독한 감옥으로
공연장을 옮겼단 말이냐

텅 빈 놀이터에다
아이 얼굴
소년 얼굴
청년의 얼굴을 연달아
수없이 그리고 다닙니다

전두엽을 다쳐 머리가 아프고
음악을 하고 싶어 애태웠고
마음을 다쳐 가슴이 아팠던
20대는 갈등의 놀이터였습니다

아파서 울었던 날
모두다
그 놀이터에서 난 상처를
치료해 줄 병원도 있었는데

무심코 잊고 살다가
추억의 그림자만 밟아 보는
그 수많은 놀이터를 찾아
함께 돌고 돌리던
빈 '지구봉'만 빙글빙글 돌립니다

한정품

살아온 시간이
노래 속에 들어 있네
열정 넘치는 연주는
따뜻한 정이 흐르는 희망의 소리

눈물지나 그리움으로
마음속을 채워 가는 선율이
그 봄에서 가을로 흘러와 있습니다

아쉬움의 한정품
선한 웃음도
피아노 소리도
다 한정품이었네

시간 속에 노래도 담기고
노래 속에 사랑도 담기고
노래와 함께하는 곳에 네가 있었는데
지금은 노래만이 흐릅니다

남겨진 시간
남겨진 노래
남겨진 사람

남겨 준 사랑
우리가 함께했던
이 모두는

소모품이었고
한정품이었나요
그만큼 만이 우리의 것이었나

비에 젖은 그 산처럼
눈물에 젖은
또 하나의 산에 아픔으로 멈춘
너의 가을에도
낙엽이 쌓여갑니다

남겨진 한 장 이파리에
남겨진 한 점 사랑을 걸고
흔들리는 희망 앞에서
마지막 흔적이 지워질 때까지

네 아픔 곁에
네 사랑 곁에
너무 아파 머무르지 못하고
영원히 가져가려고 한 순간순간
꼭 쥐고 사랑했던 너

세월의 빛깔을 품어 안고
가을도 되기도 전에
떠나 버린 잎새처럼

보이지 않아도 기억하는
찬바람 불 때마다
두려움에 벌벌 떨었을
가여운 영혼의 잎새

함께 불렀던 노래도
다정하고 잔잔한 목소리도
~~~
한 번의 운명으로 정해 놓은
한정품이었습니다

백일 (백재)

웃고 있을 때 이런 기도를
한 번만이라도 했더라면
따뜻한 두 손을 꼭 잡고서 기도해 볼걸
사진만 앞에다 놓고
차가운 마룻바닥에
이마만 쿵쿵 찧어 댑니다

몇 년 전 너도 여기 보광사에서
부처님을 위한 축하의 노래
이 세상과 ~
저세상의 평화를 작곡하며
좋은 마음으로 음악을 울리던

선한 웃음과 고운 음악의 흐름을
바닥에 가슴을 대고 느껴 봅니다

아기만 백일을 하는 줄 알았는데
다시 아기가 되었구나
석문 스님과 보광사에 모여
백일 추모 기도를 합니다

에-구~
웃는 얼굴로 마주 볼 때
너에게 이런 기도의
절반만 했더라면~

조금 더 웃을 수 있었을까
아직은 이런 의식이 너무 낯설구나

네 맑은 눈빛을 보면서
이렇게 간절히 빌어 볼 것을

좋은 방향으로 빌어 주는
영혼의 이음줄이라 믿고
스님의 뒤만 졸졸 따라
앉았다 섰다
마음을 때리고 깨우는
목탁 소리에 네 노래를 올려 본다

내 마음의 사슬이 떨리고 우는 소리
스님의 지장전 의식을 따라
죄인처럼 이리저리 왔다 갔다
백일 축제가 아닌 형벌 받는 의식

예전의 축제인 줄 아는지
팔랑팔랑

절 마당을 날아다니는 노랑나비

나방으로 꼭 숨어 있어도
나비로 훨훨 날아가도
이 우주 안에 함께 있어
조금 달라진 모습으로!

무조건 사라지는 게 아닌
그런 마음으로 다가서는 거라고
가을 나비가 춤추며 알려 줍니다

아프지 말라고
힘들지 말라고
나비처럼 퍼덕이며 날아 보라고

절 마당으로 날아가는 나비를
아들인 듯 바라봅니다

마지막 악기 짐

바람결에 흐르는 네 노래가
손가락 마디마디 네 연주가
햇살 같은 네 웃음이
아침 이슬로 구르다 사라진다

주인 없는 작업실에
희망으로 머물던 악기 소리
그분들의 따스한 정으로
고마운 손길을 더해
네가 일하던 때와 똑같은 배열이 되었네

서울의 작업실에서 다시 돌아온 짐
목숨처럼 아끼던 악기들
끝까지 간직한 악보
작업해 놓은 컴퓨터 속의 음악

그동안 공연했던 팸플릿을
벽면에 붙여 주셨지만
오래 서서 볼 수가 없다

사무실의 소중한 흔적들이
연극단 대표님의 정성 어린 손길로

밤새워 정리되어 간다

고운 마음이 음악이 되고
그 음악이 이 세상 전부였을
엄마는 모르는 그 음악의 세계
혼자 음악 속에서만 헤매던 너

이렇게 좋은 예술 동료
생명처럼 아끼던 악기
노래 같은 마음이 넘치는 방
천천히 더 오래 들려주고 가라고~

또 다른 영혼의 사무실을 꾸며 주시고
다시 한 작가님과 둘이서
널 만나러 그 산으로 가셨다
이렇게 꾸미고 나니
네가 들어올 것만 같은데

소슬바람 따라 찾아온
귀뚜라미 소리만
소리 멈춘 악기 대신
구슬프게 울어 대고

불이 꺼진 컴퓨터 앞에는
주인 없는 빈 의자만

음악을 아끼던 분의 따스한 정이
네가 만든 방음실에 머물고 있다

자꾸만 그 방에
들어가고 싶은 나는
방문 키만 만지작거립니다

대포항 부둣가에서의 '점괘'

"효자 아들을 두셨네요!"
"틀린 것 같은데요."
"분명히 효자 아들입니다."

그때 "맞아요"라고 말했어야 했을까!
장난 같은 점괘

그렇다면 그 멀리
거기로 효도하러 간 거냐
엉터리 점괘가 독이 된 것인가!

지인이 배 사는 걸 도와주고
배 띄우는 첫날
재미로 봐 주었던 점괘

정확하게 봐 주었더라면
내가 널 꼭 잡을 수 있었을까
조금은 믿고 싶어
느긋하게 기다렸는데

마지막까지 남아 있어야 하는 효도
노래로 연주로 보여 줄 거라고 믿었는데

남겨진 연주와 공연을
그렇게나 빨리 다 마친 것이더냐

빨대 끝에 커피가 빨려 오듯
먼 하늘 구름을 뚫고
네 노래가 딸려 온다

그리움 위에 앉은 반성의 끝
사라졌다 뭉쳐 다가오는
잔잔한 미소와 정다운 눈길

효자인 거니
고통의 화신인 거니
네 아픔의 끝과
내 아픔의 시작
감당할 수 없는 아픔
몰라서 더 미안한 아픔 더해
엄마는 효자로 품어야 하나 보다

그 모두가
허무한 점 이야기
허망한 점괘의 믿음도
효도의 추억도 다 허공에 있네

향기

산 향기를 따라가도
네가 있고
능이 향기를 따라가도
네가 있다

그 향기도~하던 일도
그때와 똑같은데
끓여 전해 줄 방법이 없네
향기만을 담아
불어 가는 바람결에 얹어
너에게로 보낸다

함께한 시간이 저장된
세월의 향기
변함없는 태고의 향기
가슴으로 기억하는 추억의 향기

울산바위 뒤에서 불어오는
능이 향보다 더 깊은
그리움의 향기가
하늘 바람- 산바람에 숨어 있구나

아들의 노래가 머문 향기
산에 갈 때마다
피어나는 슬픔으로 전해지는
따뜻한 눈인사 같은 향기

추억 속에
마음속에
남겨진 추억을 찾아
너의 향기를 그리며
전해 주고 싶은 향기

너와 함께 다니던 산은
능이향보다 더 향기로웠는데
가는 곳마다 네 발자국마다
너의 향기
발자국 따라 그림자 함께 걷는다

능이 향기도
네 노래의 향기도
여전히 예전과 다름없는
추억의 향기

에구~!!
이젠
맛이 아닌

향불로 전하고
향기로 느껴야 하는
너는
눈으로 만날 수 없으니
추억의 향기~
향기로만 만나 마음에만 머무는
신이 되어 가는 것 같구나

메멘토 모리

"죽음을 기억하라
현재에 충실하고
나머지는
신에게 맡겨라."

즐거웠던 별들의 놀이터는
희망의 별이 하나씩 늘어나
꿈동산으로 반짝이더니
꿈과 야망에 밀려난 별

아픈 기억만을
남겨 두고
숨어 버린 별
사랑의 꿈동산에는
그때 만들어진 추억의 흔적만
부서져 내립니다

불러 보고 싶어서
잡아 보고 싶어서
함께 걷던 길가로 찾아
헤매다 보면 그 소리가
들려오는 듯합니다

놀이터에서 미끄러지던
즐거운 비명
어딘가에 머물러 있을
아가의 맑은 웃음이 떠오릅니다

멀리서 터져 나오다가
갑자기 고요해지는 순간
눈을 감으면
운동장에 넘쳐 나던
아이들의 웃음소리
뛰어놀던 자국을 따라

이제는 내가 대신
그 운동장에 서서
그 공연장에 가서
그 마음을 기억하며
그 이름 위에 박수를 보냅니다

보이지 않은 영혼의 웃음
불어 가도 허탈한 바람
푸른 영혼의 얼굴이
울산바위 위로 오락가락합니다

구름이 하늘에 떠가듯
추억을 얹고서 둥실

그의 마음 까지 남겨진 삶에 충실 하라고

삶의 모습이 맘에 들지 않아도
말라 버린 우물은 스쳐지나
음악과 함께 흐르는 냇물처럼

남겨진 시간은
못 이루고 떠난 음악 인생
다른 일이 눈에 안 보이고
너의 존재감이었던- 음악

그가 추구한 고운 음악을 담아
고마움의 빛깔로 더해봅니다

가을의 빛깔

보였다 안 보였다 하는 별
떴다가 사라진 별
이 가을에 반짝이고 있을
페가수스 말을 타고
달려올 것 같아
아픈 별을 찾아 봅니다
~~
소슬바람 타고 몰려와
쉬지 않고 불러 대는 그 이름
밤새 불러 대던 귀뚜라미
그렇게도 목놓아 외치다
어느 한 날 멈춰버린
짧은 가을의 노래

단풍잎도 옮겨 오고
가을 노래도 옮겨 와
파랗게 멀어져 간 빛깔 그대로
불어오는 가을의 빛깔 그대로

가을의 향기
음악의 향기 따라 떠오르는
가여운 별을 그립니다

붉은 바람이 불면 붉은빛으로
단풍처럼 고운 흔적에 머무는 시간
그렇게 가고 싶어서가 아니라
그렇게 열려버린 운명의 문~!
잠깐 머물고 닫힌 가을의 문

다른 세계로 열린 문
이 가을 향기도
그곳 열린 문으로 전해지겠지요
멀리 펼쳐진 그리움의 길이
길어졌다~ 짧아졌다

햇살이 전해 주는
그림자 마음

'이 가을 이대로 견딜 만하다!
이별의 노래도, 슬픈 그대로 괜찮아'
글씨로 적어 다독입니다

남겨진 마음도 갇혀 있지 말고
새로 열리는 가을의 새 문으로!

페가수스 반짝이며 달려올 때
그 뒤에서 반짝이고 있을 가여운 별
보랏빛 영혼으로 반짝이는

그리운 별을
가을 하늘에서 찾아봅니다

악기 방

그때
네 손가락 끝에서는
아름다운 소리가 묻어났는데

지금 내 손에는
아픈 먼지만 묻어 나온다

아름다운 영혼으로
아름다운 공연으로
슬프고 고운 선율 따라
멀리~ 떠난 아들아

하늘도 슬픈 올 추석
투두둑~ 빗소리에
새벽잠을 못 이루고
건반 타고 달려올 것 같아
창가에 구르는 물방울만 센다

아름다운 사람아
아름다운 노래와
아름다운 곳에서
아름답게 머물다

아기별로 돌아가
어딘가에서 반짝일
별빛 같은 아들아

들려오던 소리가 안 들려
별빛 소리라도 듣고 싶어
악기 위에 손을 얹어 놓고
먼 하늘을 올려다본다

방음실 악기 방에서는
엄마와 악기들이 마주 보며
침묵의 통곡을 합니다

네 손때 묻은 이 피아노 앞에
네가 앉아 있어야 하는데
네 손가락 타고 소리가 날 때
네 얼굴은~ 이 건반 앞에서
가장 선하고 맑은 모습이었다

여기 이 악기들 앞에 있을 때
가장 아름다웠고
떠나간
거기서도 그럴 거라고
먼지를 닦으며 적어 보낸다

'브라더 후드' 카페의 커피 향기

속초에 오면 항상 들르던 카페
'브라더 후드'

친구도 좋고
커피도 좋고
그렇게나 좋아하던 친구와 커피와 음악!

친구 얼굴을 보니
네 얼굴이 겹쳐져 와
왈칵 눈물이 나온다

그 눈물을 감당할 수 있을 만큼
여기로 발길을 둘 수 있을 만큼
견딜 수 있는 눈물의 힘으로

이제야 네가 마시던
그 커피마저도 그리워
네가 알려 줬던 그대로 주문해 본다

오늘은 왜
그리도 쓰던 커피가
달게만 느껴지는지

커피 향에 네 얼굴을 그린다
커피 향에 네 소리가 밀려온다

너는 내 마음을 알고
나도 네 마음을 아는데
상상이 안 되는
모르는 길로 보내고
커피 향으로만 만나는 너

네가 좋아하던 커피 향
미처 몰랐던 커피 향
뒤늦게 짐작하면서
그리움의 향기로 맡는다

보고 싶어 느끼러 온
네가 좋아하던
'브라더 후드' 카페에서
네가 좋아하는 친구가 만든
커피 향으로 널 그려 보고 간다

유효기간

첫 만남이 울음이었으니
마지막 이별의 장면은
웃음이어야 하는데-/

이별의 끝마다
웃음이 그려지는 이별
긴 슬픔이 아니고
꽃 닮은 웃음이었으면/

너는 울면서 다가왔고
나는 웃음으로 만났는데

울음도 웃음도 멈춘 지금
새롭게 펼쳐진
영원의 길목에는
그리움만이 흐른다

너에게로 가는 마음을
아직도 전해 주지 못해서
나에게로 오는 마음을
감지하지 못 한 채

어디엔가 적혀 있을 마음을 따라
유효기간을 펼쳐 봅니다

너와 내가 마주하는
인연의 유효기간을
누가
2024년 5월 29일
거기까지로 적어 놓았나

이리 짧은 줄 알았더라면
지워버리고 다시 쓸걸
부족했던 사랑의 기도
부족했던 사랑의 애착

길었다가 짧아지는
텔로미어의 길이를
누가 재어 보고 있었나

계절의 끝에서 뒤돌아보니
굴러가는 차 바퀴마다
너를 만나러 가는 길이네

인연의 끝에 놓인 그리움
아프면 아픈 그대로

떠오르는 추억 그대로
추억의 유효기간은
내가 정하면서 간다

네 그리운 소리를 향해
마음을 굴리면서 한 계절을 보냅니다

계절이 바뀌는 길목마다
네가 머물고 있다

아들이 사랑한 영화음악

선하고도 맑은 슬픔의 가락이
노래가 되어 흐릅니다
음악을 사랑한 아들의 삶
네 짧은 시간이 영화음악 속에 묻혀
영화의 한 장면처럼 흘러갑니다

"반도, 인랑, 완벽한 타인, 범죄도시, 대립군, VIP"
"버닝, 하루, 마녀, 밀정, 나를 잊지 말아요"
"그녀의 취미생활" "랜드 스케이프 속초. 숨"
문래동 야시장 공연, 연극과 무용, 강연
수많은 공연과 영상 속을 누비다가

까만 밤을 다 바쳐
까맣게 변한 마음

그 마지막은
자신과 함께 갈 아바타 노래였다니
너만의 영화음악처럼
한 장면만 남겨 두고
급히도 떠나갔구나

영화 속을 슬프게도 하고
감동을 전해 주던
아픈 손가락은

아직도
건반을 뛰어다니고 있다

하얀 꿈과 푸른 이상
까만 욕망의 건반
영상 속의 기억에만 있구나

폭풍 속의 먼지처럼
훅 날아간 만남의 시간
그 열정 어린 움직임

영화 속의 장면도
슬픔만은 아닌
웃는 날이 더 많았을 텐데
웃음도 눈물도 안 보이네

"엄마 이제, 그만 아파하세요."
"함께해 주셔야지요."
'고운 음악으로 기억하면서~'
'그래'
순간순간이 삶의 한 장면-

영화의 한 장면처럼 머물고
그 아래로 네 음악이 흐른다
그 순간 그 노래와 마주할 수 있을 뿐

그 순간순간만이
우리 몫의 삶이었나

난
네 영화의 한 장면에 머물러 있다

KBS 문화스케치(2022년 12월 26일 방송)

주인 없는 작업실

고통의 끝에서도
너의 마음은
음악이 되고
연주가 되고
사람을 모아
공연도 했지

희망의 가면을 쓴
슬픔의 소리를 희망인 양

모든 걸 비워 낸
깃털 같은 소리
그 자리에서도
아팠던 흔적의 노래
아직도 들릴 것 같은 방

네가 앉아 있어야 하는 의자
쓸쓸함이 가득한 의자와 책상

음악이었고
고통이었고
사랑이었던

너를 품어 안은 겨울 햇살이
따사로운 온도로
여전히 창가에 머물러 있고

아무리 불러 봐도 대답 없는
적막한 음악작업실에는

영혼의 소리를 토해 내던
마이크가
침묵하고 있다

연극단 대표가 밤새워 세팅한
네가 했던 거와 똑같은 배열
피아노 소리
너의 노랫소리
듣고 싶은 욕망의 밸브

잠든 악기들의 숨소리라도 듣고 싶어
자꾸만 눌러 보는 일호별*

작업실 방문만
열있다 닫았다~
그 작은 공간을 감당할 수 없어
소리 내지 못하는 나는
들어서지 못하고 돌아서 갑니다

거기까지

마주 보며 함께 걸었던
그 가로수 길의 끝
거기까지였어
갈등과 방황의 길도
거기까지

하얀 낮달이 부르던 이른 저녁
희망을 내리고 터덜터덜
오갔던 그 사무실
거기까지였어

홀로 걸어간
외로움의 끝도
거기까지로

희망의 노래로 버틴
이 땅에서 야망도
거기까지

조마조마했던 돈키호테의
날개 달린 화사한 꿈도
거기까지

네 의지가 아닌 알 수 없는
두려움의 꿈에 다가온
악령의 장난질에
휘청거리다 넘어진 아픔의 끝

슬픔이라도 잡아 두고 싶은
집착과 욕망의 과거는
거기까지로 하자~!!

이따금
뒤돌아보다~ 넘어져
네가 보이지 않으니
뒤에 있는 널 두고
앞으로만 갈 수 없어
그리움의 뒤가 보고 싶어
눈을 꼭~ 감는다

나란히 걷다가
마주 볼 수만 있는 별
우리는 너를 사랑했고
밝은 햇살 뒤에 가려
잠시 안 보인다 해도
잠깐 떠 있다 사라진 달도
없어진 게 아니잖아

새벽하늘에 빛나는 샛별
수정처럼 빛나는 아기별
엄마 가슴에도 있다!

언제까지나
거기 그 자리에서
우리와 함께
반짝이고 있을 거야

광화문의 낮달(2023년 12월 공연)

방을 닦아요

안 보이는 무언가가 찔러 대
몸이 둥둥 떠올라 눕지도 못하고
일어섰다~ 앉았다
온종일 어정어정 방만 닦아요

손님이 온다고 할 때는
더 깨끗이 닦아요

손님이 오지 않아도
얼굴을 떠올리며 쉬지 않고 닦아요

기다리는 마음을 닦아요
미안한 마음을 닦아요
네가 누워 있던
그 방 그 침대

홀연히 떠난 그가
홀연히 올 것만 같아서
기약 없이 떠났듯
기약 없이 올까 봐

언제라도 오면 편히 쉬라고

빈방을 계속해서 닦아요
그가 오면 항시 쉬던 그 방
뽀독뽀독 닦다가 사진과
마주하면 돌아 나와

그 방이 아닌
마음의 방에 옮겨 담아
다시 쓰기 시작합니다

웃음 짓고 바라보던 사진 속
그때가 왜 그리 짧았는지
왜 더 많이 웃어 주지 못했는지

어느 날은 짓누르다가
그 시절 추억으로 날아 보다가
서 있을 수도 없고
앉을 수도 없을 때
또다시 그 방을 닦아요

내 질문에 대답해 주러
찾아올 것 같아서
꼭~ 그럴 것만 같아서

마음의 신전처럼
깊게 닫힌 새 문을 열고

방을 닦아요

맑아지면 다시 떠오르는 얼굴
사진을 이리저리 옮겨 걸고
또다시 방을 빙빙 돌아요

미안함을 닦아 내듯이
서러움을 닦아 주듯이
맑고 푸른 영혼을 모시듯
내 마음에서 기다리는
빈방을 닦아요

사진

등을 토닥여도 보고
안아 볼 수도 있었던
그때는

이토록 오랜 눈길
보낸 적이 없었는데

사진 앞에 멈춰서
지나간 시간을 그려 봅니다
아무리 오래 서 있어도
변함없는 사진 속의 표정

이렇게도 멈추었고
저런 날도 있었는데

모두 다 웃는 얼굴뿐
난 너의 웃음만 보았구나!
우는 사진은 어디에도 없네

언젠가는 울고 싶기도 했을 텐데
어딘가에서는 숨어서 울었을 테고
영화도 아닌데 울면서 사진 찍을 일이 있었을까

이제껏 나는 너의
사진속 웃음만 보았고
사진에 찍히지 않은 마음
아픈 마음은 못 보았구나

네가 멈춘 시간을
이리 맞추고
저리 만지고
순간순간의 공간에서
그때 그 순간 가까이
그때의 느낌으로 마주해 보는 사진

전혀 예상치 않은 장소인
보광사 지장전에서
마주하는 사진

난~~ 그
눈물 흐르던 그 순간
함께 나누지 못해서
네가 눈물 흘리는 그 순간을
함께 더 많이 찍었더라면~

사진을 들고 이 방 저 방 돌아다닙니다
팽팽하게 멈춘 얼굴이 아닌
주름진 얼굴이 보고 싶은 나는

어릴 적 네 모습에 미안해서

좋아했던 음식도 아닌
사진 옆에 놓인 꽃다발을 두고
주름 없는 마지막 사진 앞에서
그리움의 주름만 더해 갑니다

깜빡깜빡

세상이 눈을 감았나!
내가 눈을 감았나!
어둠 속에 그려지는
희미한 푸른빛을 찾아봅니다

이별 속 어둠으로 눈을 돌리면
허공 속에서 반짝이는
영원으로 향하는 쓸쓸한 길
이별과 만남의 여로

"눈은 분명히 떴는데
아무것도 안 보여요~"

그럼-
'내가 너의 눈이 되어야겠네.'
지금은 눈이 떠지지 않으니
어둠이 흐를 때까지 기다립니다

너의 눈에서 내 눈으로 흘러든
고통의 혈액이
마음의 눈으로 뭉쳐
잘 보이지도~ 들리지도 않습니다

슬픈 영화 속의 음악을 친구로
아픈 이야기의 주인공처럼
내 가슴에 다시 안긴 아들아

슬픔의 음악이 흐를 즈음
보내 준 문자

"나름, 열심히 살았어요."
"재밌게도 살았어요."
"노래를 만들어 연주하고"
"사람과 공연하면서"
"기쁨 주고 희망 주면서"
"영화음악도 재밌었구요."

'그래'- 그런데 '왜'
'뜻 모르는 아픔의 문자'
영화음악 속의 슬픈 선율
선한 열정의 흐름이
짧은 시간에 줄줄이 매달려
41년 그 공간에 머물고 있다

아픈 이별은
그리움 속에 깜빡이고
네가 만든 영화음악이
슬픔 속에 쿵쾅거리면

언제나
깜빡깜빡 떠오를 거야
마음의
눈이 마주칠 때마다

대나무

댓잎이 둘러앉아 봄바람을 부르면
언 땅도 들썩
꿈의 마디가 쭉~ 자라나던 그때

햇살과 바람이 함께 모인
대나무 숲은
푸른 꿈의 공연장이었습니다

햇볕 사이로 살랑살랑
환호성 넘치던 대나무 숲은
마디마다 희망으로 뻗어 가던
기쁨의 공연장이었습니다

푸른 잎이 불러 준 마디마다 노래로
흔들흔들 바람 따라
하늘만을 향해 가던 꿈의 대나무
하늘만을 향해 키워 가던
희망의 마디는 마흔하나

100이 되려면 아직 멀었는데
모두 80은 셀 수 있다 하는데
41까지만 세고 멈춘 마디

그려 놓고 만날 수 없는 얼굴
담아 두고 말하지 못한 사랑
바람과 살랑이다 별이 된 잎새들

사랑의 마디
희망의 마디
노래의 마디
마디마디에 담긴 너의 마음
가슴 속의 뜨거운 온도
아직도 그 열기가
절절히 전해지는데

슬픔의 마디로
사랑의 노래로 숨어든
대숲의 공연장에는
별빛의 노래만 흐릅니다

아직 남겨진 푸른빛
언제나 푸른 희망의 마디로/
키워 가던 너의 꿈 그대로

그동안 간직한 사랑의 메시지
남겨진 마디에 이어 담아

자유롭게 훨훨~ 아픔의 마디 넘어
건반 위의 열정 그대로

네가 머무는 그곳에서도
곧고 푸른 네 마음처럼
쭉~ 쭉~ 뻗어 가 보렴

이별의 빛깔

나는
바다
　　너는
　　하늘

아픈 구름이 내리면
보듬어 안고
비가 내리면
방울방울 품어 안고
물결 따라 이리저리
호수를 돌아 나와
바다로도 흘러가고

눈부신 찬란함도
젊은 날의 열정도
슬프게 한 눈물도
고요함으로 흘러가는 바다

마주해도 눈부시지 않은
출렁여도 아프지 않은
긴 시간 녹아든
깊은 세월의 빛깔

노을빛에 녹아든 긴 시간이
까만 바다에 모여들었습니다

해 질 녘의 바다는
떠난 세월이
만나는 빛깔

함께 달려왔던 시간
하늘의 모든 빛깔
그대로 품어 안고 잠이 든 바다

41년의 빛깔
고마움의 빛깔
어느 날은 아파서 출렁였을
가여운 별빛이 떠오릅니다

하늘도 거기에 있고
구름도 그 속에 담겨
하늘인 줄 알고 오르던 널
품어 안은 바다

바다에 멈추어 버린
이별의 빛깔은

전해 주고 싶은
사랑의 빛깔이었습니다

콩나물시루

물방울을 만날 때마다
음악이 들려올 때마다
쑥쑥 잘 자라더니
햇빛이 보고 싶어
견딜 수가 없었나?

빨리 자라다 뽑히지 말고
숨어 있다 조금씩 자라지
검은 천을 들썩일 때마다
달아날 수도 없고
햇살도 보고 싶어
갈등하던 콩나물

어쩌다 저 멀리 밭에 있지 않고
좁은 시루의 자리싸움에 아프고
부딪힘에 아파 위로만 솟다가
어둠에 갇혀 잎도 펴지 못한 채
하늘의 빛이 그리워
사라져 간 것이냐

심어진 자리를 탓하고 있을까!
음악 소리를 탓해야 하나!

훌쩍 커버린 큰 키를~~

그 음악이 없는/
저 밭에 던져 버렸더라면/
물을 조금만 주었더라면/

콩은 이미 사라졌는데
콩나물시루도 없어졌는데
'~했더라면 ~더라면'이
무슨 소용이 있겠나

이제
좁은 콩나물시루가 아닌
날개 같은 잎을 펼 수 있는 곳
어둠과 햇살의 갈등을 떠난
우주라는 드넓은 시루

눈에 보이지 않지만
영혼으로 키워 나가는
보랏빛 영혼이 꿈꾸는 공연장

드넓은 '영계의 시루'에서
남겨진 영혼을 향한
거침없는 공연은
갑갑하지 않을 거라고 위로해 봅니다

약분

다람쥐가
도토리를 세고 있었습니다
뚝 떨어지면 하늘에 감사하고
고마움의 별을 보며 반짝이고
하나에 희망의 노래를
또 하나에 기쁨의 노래를

계속 떨어지는 도토리는
생명이었고, 사랑이었고
희망의 노래가 되었습니다

다람쥐를 잘 모르는 나는
다람쥐에겐 그런
도토리만 있으면
행복인 줄 알았습니다
계속
떨어지는 도토리를
두 개씩만 세면서
기다리면 되었는대요

머리 위로 톡톡 떨어져
아프게 하는 도토리

굴러가 잡을 수 없는 도토리

두 개씩 세어 가다
셀 수 없는 도토리
아픈 욕망의 도토리가 때리면
다른 나무 아래로 옮겨 가지

아프게 하는 것은 서로 모아
약분해 버리면 될 걸
너를 아프게 한 것
나에게 미안한 것도
두 개씩 묶어서 약분하면
가벼워졌을 텐데

아픈 기억의 모자는 벗고
오늘의 행복만 남겨 두고서
아픔은~ 약분해 버리지!
봄이 되면 푸른 도토리도
희망처럼 다시 열릴 텐데

가여운 다람쥐야
넌 두 개뿐 셀 줄 모르니
마주 보는 지금만 있으면 되잖아

두 개만 알면 되는 너였는데

굴러가며 유혹하는 도토리를 따라
그 가을이 다 가기도 전에
다람쥐는 멀리 떠났습니다

네 삶의 노래는
흐르지도 못하고
약분도 안 되는
아프고도 복잡한 것이었더냐

둔덕

내 가슴에 둔덕이 생겼습니다
뜨거운 슬픔처럼 자라나서
숨이 턱턱 막히고 깜짝 놀라 깨어나면

불길 속 영혼이 되어
허우적거립니다

멈추지 않는
아픔의 속도
줄일 수 없는
고통의 무게가
엄습해 올 때마다

비행기 꼬리만 끌어안고
하늘에게 하소연합니다
섬뜩한 둔덕이 왜 거기 있었냐고
영원히 날아오른 비행기는
그다음의 여정 앞에 무릎을 꿇었습니다

마중 나온 사랑하는 가족들에게는
길고 긴 아픔의 마중에
큰 산처럼 몰려드는 애도의 물결

멈추지 않는 울음소리

꿈쩍 않는 성난 파도
그 누구도 잠재울 방법이 없으니
어찌하면 좋아요

푸른 초원을 기다렸습니다
아니 모래사장이라도
나타나 주길 바랐습니다

모르고 달려간 비행기 /
알았어도 때늦은 비행기 /
무서워도 오롯이 끌어안고
맞이해야만 했던 둔덕

그냥 그 순간을 마지막으로
이 세상 모두와 억지 이별을
해야 했던 슬픔의 둔덕 사고

엄마라는 비행기에 몸을 실었습니다
아내라는 활주로를 달렸습니다

가장 안전하고도 편안한 비행기였고
사랑의 활주로였습니다

어디든 데려다주는 언제나 친절한
사랑의 발이 거기 있었습니다

기쁨의 비행기였고
사랑의 활주로에서
고약한 둔덕을 만났습니다

모르고 있던 운명의 둔덕 앞에 앉아
누군가를 향해서 울기만 합니다
가혹하고 눈물 맺힌 둔덕

부서진 둔덕을 헤쳐 나가야
푸른 시냇물도 만나는데요

마지막 배웅

"엄마, 제가 마중 나갈게요!"
"거기서 기다리고 계셔요!"

"아니야, 아기들과 놀고 있어."
"지하철 한 번 타 보고 싶어."
"속초는 지하철이 없잖아."

마지막 마중의 거절이
마지막이 될 줄 몰랐습니다

천천히 해 보고 싶은 추억으로
만나러 간다는 긴 여유도 좋아
오랜만에
젊은 날의 시간을 돌려 보고 싶은
이상한 고집을 부리다가

그 귀하고 귀한
아들의 마지막 마중을
놓쳐 버렸습니다

현대백화점을 끝으로
마지막 배웅의 뒷모습만 보입니다

'그때 이마라도 더 만져 줄걸'
'가슴을 어루만져 안아도 보고'
'어색한 손이라도 잡아 볼걸'
'어디가 아프냐고 물어라도 볼걸'

'음악 작업이 피곤한가.'
'일이 많아서 잠이 부족했나.'
그런 말을 묻는 것도
미안해서 묻어 둔 채
예전과 다름없는 기나긴 배웅

"엄마, 제가 마중 나갈게요!"
간절히 듣고 싶은 말
이제 그 말을 들을 수 없어
혼자서 하는 대답 없는 질문
그 질문에 지쳐 답답한 날은
쓸쓸히 그 산으로 내가 마중을 갑니다

못 받은 마중은
후회의 마중이 되었고
마지막 배웅은
긴 이별의 시작점이었습니다

그 마중이 그리운 날
혼자서 그 산을 오를 때면

'산 아래 제가 캠핑하던 곳에서 기다리세요'
'제가 마중 나갈게요'

아직도
그렇게 말해 줄 것만 같습니다

섣달그믐날

섣달그믐날에는 지나간
시간을 닦아요

피었다가 떨어진 꽃잎
마주하던 웃음을
늘어놓아요

잠시 만났다 헤어진 얼굴
수많은 고마움의 손길을
이어 보아요

예전에는 할머니와 놋그릇도 닦았지요
수세미에 재를 묻혀
손이 잿빛으로 물들 때까지
조상님의 이름을 새기면서
별로 떠오르다가
별로 져 버린 너의 꿈도
빛날 때까지 닦아요

누군가 주었을 설움이 씻겨
우리들의 얼굴이
비쳐 보일 때까지

조상님은 알고 계실까
'괜찮아! 내 마음을 닦고 있잖아.'

부서져 녹은 재가 놋그릇을
반짝 닦아 주듯
내 미안한 마음을 닦아요

조상님 차례상 준비로
바쁘던 〈섣달그믐날〉에는
너무 빨리 조상님 곁으로 가 버린
음악을 향한 아쉬운 꿈
부서져 녹아내린 마음
애틋했던 그 순간을 닦아요

짧은 41년 고마움의 자리에
돌덩이 같은 아픔으로 쿨럭
기쁨의 다식처럼
희망의 널뛰기로
먼 우주의 영혼을 향해
어디서든 튀어 올라

하늘 향해 힘껏 구르면
저쪽 먼 반대편에서
한 번쯤 날아오를까!

지난 한 해 만났던 모든
이별의 슬픔을 안은 그믐달

영원으로 가는
가느다란 그믐달에
아들이 만들어 놓은
희망의 노래를 실어 봅니다

달력

까맣고 빨간 숫자들이
빨갛고 까맣게 지나고
구름 뒤에 가린 어제도
없는 듯 떠난 자리에는
설렘의 꽃망울이 담긴
365개 축복의 선물상자

숫자마다 동그라미 그려
희망이라 새겨 넣고 보면
알록달록 희망과 만나는
무지갯빛 머금은 꽃망울

빨간색 날은 빨간 그대로
까만색 날은 까만 그대로
빨강과 까만 햇살과 별빛
함께 끌어안고 피어나는
오늘이라는 어여쁜 꽃밭

외할미니는 내 방힉 날에
내 얼굴 닮은 동그라미를
난 외할머니의 제삿날에
눈송이 닮은 동그라미를

~
욕심도 자존심도 녹여 낸
하얀 사랑 위에 눈송이로
맑게 스미는 그리움 방울

눈송이 품은 꽃망울의 꿈
하얀 달력에 날아드는 날
보이지 않는 여백에 놓인
어둠에도 고운 그믐달이
다시 둥글게 떠오릅니다

희망의 보름달도-둥실
감사의 꽃망울도 활짝

고마움의 들숨
그리움의 날숨
주고받는 짧은 사이
손꼽아 기다리던 날도
못 견디게 아프던 날도
둥글둥글 굴러서 가고
흔적만 남겨진
텅 빈 너의 달력에

고마움도 적어 두고
아쉬움도 그려 두고

뒤를 못 보는 희망의 숫자

미안하고 안타까운 꽃망울
네가 피우려 했던 꿈이 적힌
빨갛고 까맣게 새겨진 숫자

묵은 달력과 새 달력에
희망의 다리를 놓아 봅니다

운전

거기 길이 있어서
그 길로 달려갔습니다
거기 사랑이 있어서
만나러 달려갔습니다
더러는 모르는 길도
앞만 보고 달렸습니다

모르는 길로 잘못 가 고민을 했다면
돌아서도 가고~ 뒤로도 가 보고
예상치 않던 수렁에 빠져 허우적대기도
부딪혀 사고가 힘들게도 했던 운전

눈은 뜨고 있는데 보이지 않는 것들
아름답게만 보이던 음악의 길
행복하게만 보이던 사랑의 길

웃음의 길만 달리던 대가로
슬픔 그 뒤만 돌아다봅니다

보고 싶은 그가 거기 있어서
앞이 아닌 뒤로만 갑니다

세월도 운전도 앞으로 가는데
자꾸 뒤만 보입니다
그렇게 오래 혼자 세워 두면
시동이 안 걸린다는 것을~
미처 몰랐습니다
새 차는 괜찮은 줄 알았는데

창밖 경치를 구경하는 것도
가끔은 휴게소에 앉아
충분히 휴식하며 기다리지
지각 좀 하면 어때서

세월 속의 운전도
그리움의 브레이크가 더 넓적한 건
무조건 앞으로만 가면 어떡해

앞길이 지나온 길보다
더 소중하기에
가끔은 새로운 충전도
뒤로 달릴 일도 없는 것이
사고로 생명을 잃을 수도 있는

세월 속의 운전
도로 위의 운전
가혹한 사고의 아픔 뒤에도

그리움의 브레이크도 조금씩
고마움의 액셀을 밟으며
털고 일어나 정신 차려
다시 달려야 하는 운전입니다

후회

뒤돌려 다시 한번
사랑을 시작한다면
먼저보다 조금 더!
잘해 낼 수 있을까!
~
부모와 고향이란
하늘의 선물 빼고
순간마다 이어진
끊임없는 선택은
늘 -최선이었는데

여전히 그 정답은
띄엄띄엄 햇살에
안갯속 더듬더듬
소중한 보물찾기
미지의 백사장에
쉼 없이 파도치는
마음 물결로 그린
푸른 희망의 그림

혼란의 모래 언덕에
생명의 햇살 내려와

서로가 명암이 되는
빛나는 그림 속 여정
~~
이 순간 서 있는 여기
그 순간 마주한 우리
함께 부르는 노래의
정다운 화음이 되고/

푸른 하늘 날고 싶어
떠오르는 연 꼬리에
바람으로 다가가서
팔랑이게 해 줄 것을/
~
버티던 욕심은 끝내
"행복을 향한 공부는
스스로 알아서 해 봐"
그리고는 시간 속으로
~
도망치다 지칠 때쯤
졸졸 흐르는 물결에
마음을 얹어 놓고서
우두커니 먼 하늘만/

스쳐 가는 풍경 멀리
아득한 무지개 뒤로

후회의 아린 줄기도
출렁 울렁 아픈 구름
눈물비로 내린 오월
~~
부르지도 않았는데
먹구름에 숨어든 별
반짝이지도 못하고
거꾸로 가 버린~ 오월

어떤 선택도 못 하게 멈추어 버린 지금
에-구, 엄마 한 번, 잘 해 보고 싶었는데
'여전히, 아들이 되어 줄 거지.'
'미안하다! 일호야!'

○○ 결혼식

결혼식에 왔는데 오르간만 눈에 들어온다
새문안교회의 파이프오르간
'저 오르간 앞에 네가 앉아 있다면!'
"○○ 결혼식에 연주하러 갔었어요."
말해줬던 때가 엊그제 같아서
아직도, 피아노를 칠 것 같은 환상
행복이 가득 찬 결혼식장에서

한쪽 머리는
쏠비치 앞바다와
네 결혼식을 떠올린다

끝없이 흐르는 바다를 보며
푸른 희망으로 담지 않았니?

사랑으로 출렁이며 걸어가던
두 사람의 뒷모습
양양 쏠비치 해변에
그리고~ 또 그려 본다

희망으로만 바라보았던 그때가
바로 9년 전인데

그 사랑의 길에서
그 희망의 길에서

강한 탄력의 고무줄로 묶어
한 방향을 바라보며 걷다가
잠깐 어디를 바라본 거였니

멀리 가도 돌아서 와야~ 되잖아
거기 서서 사랑을 연주했던 네가
거기 서서 사랑을 다짐했을 네가
지금 이 자리에 있어야 할 네가
빠진 가족사진을 그려 넣고 찍는다

행복이 잘~ 생각 안 나던 그때
쏜비치를 한 번만 더
다녀갔더라면

광화문 밖은 시끄러운데
새문안교회〉 고요한 예식장에서

네 결혼생활 9년을 그려 보는
아픈 기도 시간이 되었디

논문 책

〈3D 이미지 시뮬레이션과
라이트 필드 포토 그래피〉

미안해서 만지작거리기만 한 책
꽂아만 놓고 주인을 잃어 안타까운 책

책과 이름이 쓸쓸해 보여 펼쳐 봅니다
하기 싫었지만 공들여 공부했을
시간과 공간이 적혀져 있듯
네가 이런 공부를 했었구나!
~
원치 않는 공부로 석사학위를 받으며
아프고 괴로웠을 그 시점으로
돌아가 본다

〈늘 부족하고 철없는 아들이지만 믿어 주시고
공부할 수 있게 뒷바라지해 주신 부모님과
형님에게도 항상 죄송하다는 감사의 말
아픔으로 다가온다

하고 싶은 음악을 못 하게 한
내가 미안한 건데-

'그렇기도 했나 보다'

물리학 석사가
"음악 작곡 박사과정에 도움이 될 줄 몰랐어요"
그 말에 조금은 미안한 마음이 놓였었는데

꿈꿔 왔던 음악공부였고
그리도 재밌다고 말해 놓고서
왜 접어야 했는지 알 수가 없네

기쁨의 새로운 날개인 줄 알았는데
그 기쁨을 추락시킨 날개
머리를 식히라고 보낸
음악대학이 머리를
아프게도 했는가?

그 길도 아니었고
이 길도 아니었나?
소리만 추구한 너의 길
길을 안내 못 해 미안한
뜬구름 같은 논문 책

가늠할 수 없는 어둠의 길이
구름 사이 잠깐 비친 햇살처럼
기쁨으로 번질 줄 알았는데

갈등과 고통이 꼬여
까만 옷을 입고 찍은
마지막 사진 같은 뒷모습

그러나
지금은- 그 무엇도
누구도- 미워할 수 없고
다시- 돌이킬 수 없지만

그만큼이
우리의 눈 먼 한계
우리는 서로
마음을 다했고
최선을 다한 시간이었습니다

행복의 소리

소리를 너무 사랑해서
소리 공부만 고집했던 아들
계속 반복하다 보면
맘에 드는 소리도 나는데
~
지금
세상 속의 아름다운 소리도 듣고 있지
바람 소리, 새소리, 파도 소리
그리도 좋아했던 소리와 음향
소리가 좋다고 말하던 그때
엄마도 소리를 불어 보았다

힘을 빼고 불어도
옆으로 돌려 불어도
어쩌다가 삐-익 삑삑
놓았다~ 또다시
틀리고~ 또다시

익숙해시넌 재미없을까 봐
'그만 불까~ 그럼~'
'시작이 부끄럽잖아~!'

"저도 소리 공부 하고 싶어요."

내고 싶다던 소리는 끝까지 안 내고
왜 멈췄나

한순간에 시작되고
한순간에 끝나는 소리
어지러웠고 시끄러웠던
그 순간
허공 속으로 산화되는 소리
고양이가 새 소리를 낼 수 있나!
그만큼이 행복한 새 소리였는데

순간만의 소리가
삑~ 삑 대서 듣기 싫었던
그 소리가 바로
희망의 소리였습니다

틀리고 시끄럽던
마음에 들지 않던
미완성의 소리만이

순간순간 전해 준 희망이고
행복의 소리였습니다

완성된 소리는 듣지도 못했는데
행복의 소리를 감지하지 못해서
아픔의 소리만 맴돌고 있습니다

저녁 바다와 별

어둠이 내리는 바다에
별빛도 살며시 따라와

갈매기의 금빛 꿈처럼
물결 위에 반짝입니다

검은 침묵 속을 흐르다가
파도칠 때마다 솟아난
하얀 물거품 같은 정이
노을빛에 번지는 저녁

어둠과 출렁이던 달빛도
수평선에 걸쳐 손짓하면
파도 곁에 멈춘 갈매기는

넘치는 물결로 세수하고
거울처럼 하늘을 봅니다

"아침에 만날 때보다 더
 아름다운 이별을 위해

노을빛 날개를 펴고 싶어"

물기도 덜 마른 날개로
퍼덕이며 날아간 갈매기

아침 바다에서 마주하던
해님같이 찬란한 당신은
반가운 출렁임으로 만나서
함성 지르고 박수를 쳐 봐도
말없이 사라져 간 물방울

에메랄드빛 물 위에 내린
저녁 바다의 까만 침묵은
저 멀리 숨겨두고 혼자만
기다리던 효도의 선물은
바로 긴 이별이었습니다

별빛 닮은 정~고운 모래알
쉼 없이 파도에 왔다 갔다
행복이 출렁이는 줄 알고
물결만 바라보았었는데
금빛 희망 다닥다닥 꿈을
깊이 묻어 두고 있었나 보다

너에게도 저 하늘이 보이지
노을빛 가슴에 뜬 하얀 낮달
산 위로는 비너스 별

바다 위로 제우스 별
엄마 눈에만 떠오르는 별
어디쯤에서 반짝이고 있을 거야
그립고 미안한 별을 헤아립니다

춤

등에 아픈 가시가 돋아나
누워 있지도 못하고
서성입니다

이 구석도 두렵고
저 구석도 무서워
한곳에 머물지 못하는
상실감에 갇힌 물고기는

슬픔이 흔들면 슬픔 쪽으로
불러내면 소리 나는 쪽으로
두려움에 벌벌 떨며 출렁이던
웃음! 그 위를 뒹굴어 봅니다

그도 충분히
그럴 무대가 있었는데
그럴 시간도 있었는데

장화 신은 고양이의 연극처럼
영원한 오늘만의 순간을 남기며
두 발에 날개 달고 뛰던 순간들

반항 한 번 안 하고
웃음만을 보내 준 그리움의 길목

온몸의 맑은 영혼으로 날아
만남이 이루어지는 순간까지
허공을 뛰어넘어
부수고 싶은 유리감옥

아픔의 그림자도
슬픔의 움직임도
숨어 있는 너에게로 가려면
함께 숨어 있으면 안 되는 거잖아

아픔이 담긴 어항을 깨고
애도의 감옥을 나와
너에게로 향하는 발길

더 낮은 곳으로 엎드려
아픈 동선을 따라가는 물고기는
쉼 없이 휘젓는 아픈 지느러미로
휘청거리는 춤을 춥니다

과외공부

"공부는 다음으로 미루고
 잠깐 동무가 되어 주세요."

선생님은 침묵하고
아이만 움직이게
다가가 주세요

책상 앞에 앉아서 생각을
해 보는 시간을 만들어 주는
그런 과외를 원했습니다

"그렇게는 안 되겠는데요."

"침대에 누워 계셔도 좋고 편하게
가만히 지켜만 보시다가
시간 되면 돌아가시면 됩니다."

"그런 과외는 하기 싫은데요."

참 미안한 과외를 주문했었습니다
결국, 엄마 마음을 이해한
선생님은 도와주셨고

아들은 이상하다 하면서도 따랐습니다

마음을 닫은 아들
대답이 싫은 아들
옆으로 돌려 의자의 각도가
며칠이 지나도 그대로 있는
의자를 보고 생각했던 과외

이 엄마는 다가가는 방법을 몰랐습니다
이상한 과외 말고는 생각이 나지 않았습니다
음악과 함께 지냈나 봅니다

제3의 타인을 통해서라도
마음을 열어 주고 싶었습니다
서로가 바라보는 방향이 달라서
서로가 힘들기도 했나 봅니다

그 후
엄마 곁을 떠난 지 20년
엄마는 아들의 마음 곁으로
속 깊은 이야기를 나눈 기억이 없고

이젠
스스로 잘 알아서 하는가 보다
참 쉽게만 생각하다 이별을 맞이했습니다

차라리 함께 잘 노는 방법을 찾았더라면
이 세상의 재미난 기억이
힘든 순간을 감싸 주었을 텐데요

가끔은
순서를 뒤집는 과외
그런 뒤로 가는 여유로
숨통을 틔울 필요도 있었을 텐데요
~~
이제는
'아픔을 잠재울 어떤 과외의 기회도 없네.'

함께 부른 노래 '큐'

짧은 만남을 밀어낸
긴 이별의 자리에는
함께 부르던 노래의 추억이 남아 있습니다

〈큐〉-- 라는 노래를
불러 보고 싶다는 나에게
그 노래를 연주해 주었던~ 너
나는
그 노래의 쉼표를 놓치고
너는
놓친 박자를 잡아 주었지

노래에도 쉼표가 필요했잖아
힘들면 쉬었다 하면 되었을 것을

조금 쉬고 들어가는
박자를 못 맞추었듯
그 노래의 느낌처럼
못갖춘마디 같은 관계였나

너를 만나 부르던 만남의 노래
내가 이어 부르는 이별의 노래

만남에서 놓친 박자를
마지막 이별의 자리에
눈물로 채워 놓아야 하는구나!

그 노래의 노랫말이
'눈 감으면 모르리'
'돌아서면 잊으리'
'다시는 울지 않겠다.'

하지만
눈 감으면 더 떠오르고
돌아서면 더 보고 싶고

'다시는 울지 않겠다.'~라고 하면서도
자꾸만 눈물이 흐릅니다

함께 노래 부르던 그때는
슬픔의 가락마저 아름다운
정 깊은 그 노래~ '큐'

네가 떠난 지금은 노랫말 하나하나가
멍울멍울 이별의 통증
몇 번이 될지 모르는
그 파도를
넘고 또 다시

넘어야 하는가 봅니다

소리를 낼 수 없는 가슴에
너와 함께 불렀던 그 노래가 떠오른다
가수의 호소력이 잘 어울려서 멋진 노래

슬퍼서 좋아했던 그 노래가
나의 이야기처럼
부르면 아픈 노래
서늘한 파도로 부서집니다

거품 놀이

땀방울이 뚝뚝
떨어지던 그날
아기도 장난감도
욕조 물에 풍덩

배도 띄워 두고
꽃도 띄워 두고
비누만 풀어 댔었지

거품 속에 갇혀서
보였다 안 보였다
첨벙대며 잘 놀았던
물속 숨바꼭질 놀이
재미난 장난감 놀이

두 손과 머리 위에
솟아오른 비눗방울
보글보글 거품 속에
장난감도 씻어 내고
먼지도 실어 나르고

부풀어 오른 때 자국은
부풀어 오른 거품 속에

미끄러지듯 씻겨지고
비누 향만 남았습니다

세상이란 욕조 속에
아낌없이 풀어 대는
뽀얀 사랑의 거품에
세수하고 목욕하고
너에게로 다가가면

슬픔 위에도 향기가
푸른 방울로 떠오르고
욕조 속의 놀이터에는
향기만 남아 있습니다

한순간 솟아나기도 하고
한순간 사라지기도 하는

아린 기억의 거품
그리움도 거품
슬픔도 거품

꿈도 사랑도 방울방울
거품처럼 웃어 대며
거품으로 피어올랐다가
한순간 사라져 간 거품 놀이였나요

그 말 '엄마'

귀에서 가슴으로
머리에서 입으로
수백 번을 저장시켜 뱉어냈을
그 말 '엄마'
'그렇구나!- 이거였구나'

어느 순간 소리 내 보았을 그 말
'엄마'
처음 불러 주었을 때의 환희
그 순간을 기억합니다

그러나
그 황홀했던 순간도
잠시
그 말을 배운 이후

얼마나 더 부르고 싶었을까
안 보이는 엄마를 향해서
대답이 듣고 싶어서
얼마나 불러 댔을까

일찍 돌아와 달라고
발을 고무줄을 묶어놔도
아침이면 사라지던 발
춥고도 두려웠다고
수 없이 불렀을 그 말

시간이 흘러 사랑하는 사람과
아가에게 양보했던 그 말
'엄마'

이제 너에게
더는 들을 수 없는
기억 속의 단어
'엄마'

꼭 들었어야 했던 그때
그 말을 들을 수 있었더라면!
그 말이 듣고 싶어
눈물 흘려야 합니다

내가 못 해 줬던 대답 그대로
엄마 대신 네 이름을 부르며

그때

엄마는
잠든 널 쓰다듬다가

지금
엄마는
잠든 널 마음에 품어 안는다

시나브로

산에 꽃을 심어 놓고
물을 퍼 나릅니다

여러 번 퍼 날라도
스며들기만 하고
고이지 않는 물

어느 순간
한 방울 두 방울
차오르기 시작합니다

사라져 가는 것도
그러하겠지요
그리움도
시나브로
시나브로 사라져 갈까요
~
스며든 깊이가 안 보이는
아픔의 깊이도
출렁이다 보면
시나브로
시나브로 얕아져 갈까요

가슴의 굴뚝에서
피어오르는 검붉은 연기가
푸른 하늘로 피어오르다가

얼마의 시간이 지나가면
시나브로 어딘가로 흡수되고 분해되어
푸른 하늘만 보이겠지요

이별의 상실감도
검붉은 연기로 적어 나릅니다

허공으로 전해지고
적어 갈 힘이 사라질 즈음
맑아져 가겠지요

기도하는 마음으로
향초에 불을 켭니다
촛불 위에
뚜껑을 덮는 순간

악! 갑자기
가슴을 조여 오는
강한 통증에
다시는
촛불을 켤 수가 없습니다

시나브로
시나브로 작아지는
촛불의 크기가
허상으로 다가와
실상처럼 맺힙니다

아픔의 크기로 눈물을 흘리며
시나브로
시나브로
타들어 가는 촛불이었습니다

탁구

흰 공에 눈을 달아
하얗게 빛나는 너만을 바라본다
까만 눈동자가
하얗게 집중하는 거리

푸른 테이블에 손을 뻗으면
동그란 마음이
눈빛 따라 그리는 포물선

놓쳐 버릴까 봐
튕겨 도망갈까 봐
가까워도 안 되고 멀어도 안 되는
한눈팔 수 없는 긴장의 거리
널 그 거리에 두었더라면

너무 먼 거리에 두었나?
함께 그리는 행복의 포물선
더 많이 그려 볼 것을
튕기는 공 위에 마음을 올려놓아 봅니다

너도 살고 나도 살아나는 거리
죽고 사는 재미가 오가는
274cm 마주 보는 거리

수많은 시름을 매달아
데굴데굴 굴러도 가고
튕겨 나가기도 하는
작은 공에 매달려 봅니다

숨어 버린 까만 공
멀리 날아간 공에게
나무랄 수 있나요
그 누구도 아닌
내가 쳐 버렸는데~~

마음에서 눈으로
순간순간 정성을 다하듯
너에게도 정성을 다했는데
도망가 안 보이는 공
그리운 공들이 날아듭니다

마음에만 튕겨 오르는 공
그 순간을 못 잡아내서
허공에만 치는 탁구
미 음 을 오가는 공으로
'미안함의 거리를 줄이고 싶다.'
~~~
'아들하고 탁구 한번 쳐 봤으면!'

소방안전관리자 교육

엄마 마음에 불이 났다
꺼도 자꾸만 살아나는
~그리움의 불~

"불이야!" 소리 질러도
아무도 못 꺼 주는 불

불조심 자격증을 따 놓고도
큰 산불도 아닌데
정작 가장 소중한
너와 나의 마음이 불타 버렸네

엄마 거는 저쪽에다
아들 거는 이쪽에다
잘 붙여 두자 해 놓고

그 이름을 내 손으로 지울 수가 없다
불조심 공부라고
함께 앉아 문제를 외웠던
생소한 옥내소화전도
재미난 소방 실습도

인공호흡도 다~ 살려야 하는 공부/
내가 먼저~~ 살아나야 하는 공부/
함께 살아야 하는 공부가 아니었니/

불이 났으면 배운 대로
"불이야!" 하고 소리를 질러야지
자동화재탐지기는 고장이 났느냐
마음속 스파크로 난 불도 역시
소리 먼저 질렀어야 했잖아

처음 가 본 소방안전원
아들과 나란히 앉은 강의실
모르는 사람 틈에도
네가 있어 든든했고
가져다준 차를 마시며
불조심 공부한 기억이
바로 엊그제인데

정작 우리 마음에 난 불은
끄지도 못하는구나!

전기 스파크로 옮겨
바람 타고 날아다닌 고성 산불
날뛰는 붉은 악귀의 발길
마음의 스파크로 붙은 안 보이는 불

소풍이라도 온 듯
더덕구이를 먹고
횡성한우를 먹으며
엄마만 즐거웠나 보다
옥내소화전이 어떻고
스프링클러가 어떻고
재미없다는 엄마에게
잘 설명해 주었던 너
'역시 넌 물리였고~ 소리였네'~ 그랬었지~

네가 결혼한 이후
가까이 있던 유일한 시간
온종일 꼬박 앉아 졸려서
가끔은 온몸을 비틀었지만
둘이서 함께한 마지막 시간이었네

에구~
미리 조심해야 하는 불조심
건물 말고
너까지도
불조심을 더 했더라면

맛있다고 말하던 거기
횡성한우를 더 사 주고 싶어서 불이 난다
엄마 마음에 붙은 불은
무엇으로 꺼야 한다니!

3천 년 된 고목 앞에 서서

태곳적 묵은 빛이
거대한 몸을 휘감아
산자락에 드리운
긴 세월의 그림자

깊은 땅속에서 퍼 올린
신비로운 샘물로 세수한
신령님의 얼굴이 보입니다

잎새마다 팔랑이던 봄날
반짝이던 연초록의 꿈 망울
폭풍에 사라진 어린나무의
슬프고도 가슴 아린 이야기

아기 나무를 품어 기르며
한 자리를 지켜낸 뿌리 깊은
삼천 년의 역사책에 적힌
아기 나무의 가여운 이야기

온 산에 펼쳐 놓으면
깊은 주름 사이로
더러는 흘려보내고

듬성듬성 뚫린 상처는
은은한 달빛으로 채워

패인 공간마다 숲의 함성
모여든 새들의 합창에
잎새들이 팔랑이며 춤을 춥니다

길고 긴 푸른 날숨에
맑아지는 영혼
하늘의 숨결이 고목에 머물러
새들의 자장가로 쉬어 가는 밤

산신령님의 공간에는
가혹하게 무너져 간 영혼들이 모여
푸른 생명의 소원을 빌어 봅니다

삼천 년을 살아 낸 인내로
온 산을 품어 안고 기다리는
수호신의 깊은 상념
백 년도 못 살고 이 산에 온 우리
아기 나무의 안타까운 60년

고목 곁에서 기다림을 배웁니다
푸른빛 새순을 다시 틔워
이제는 조급하지 않게

쉬엄쉬엄 이겨 나가 보자고

여길 봐도 떠오르고
저길 보아도 떠오르는

넌!!!
이제
나의 신이 되어 가는가 보다

쑥밭

거름도 안 주었는데
초록빛 생명의 에너지는
지칠 줄을 모릅니다

오직 햇살과 손을 잡고
어디로든 뻗어 가는 쑥
곁에 있는 채소는 작아져만 갑니다
전에 심었던 토란 대신
심고 싶은 고구마 대신
스스로 되어 간 쑥밭에서

뽑아 버리려 애쓰지 말고 그냥
쑥 향기를 좋아하기로 했습니다

토란밭에서는 힘센 잡초
태초의 향기 품은
굴곡진 세월의 벌판에서도
무너진 쑥대밭이 아닌 생명의 공연장

쇠비름 명아주 강아지풀
싱그러운 푸른 채소이듯
부추 달래, 머위도 섞여 잘 자라는

초록 생명의 어울림

서로 환하게 비춰 주고
서로 적당히 기대 가며
초록으로 보듬어 안은
잡초밭의 쑥과 머위는
저리도 잘 자라는데

부르지도 못하고
어둠 속에 사라져 간
여린 잎새의 추억

예전엔 싫었던 쓴맛도
언젠가 좋아지는 맛인데
세월의 쓴맛이 싫다고
찡그려서 미안한 맛
진한 초록의 향으로
쑥개떡을 빚고 싶은 날

할머니의 정겨운 내음이
선하고 다정했던 네 얼굴이
아지랑이 따라 피어오르는 봄날

땅속을 뚫고 흐르는 태초의 향기
원자폭탄도 뚫고 나오는

지치지 않는 영원한 향기로
새봄의 쑥 향기와 만나는 날

영원한 생명력 위에 그리움의 향기
변치 않는 향기로만 만나는 우리
감도 따고 밤도 줍던 추억의 자리에

새봄의 영원한 초록 향기
영원으로 향하는 그리움의 향기
쑥밭의 아지랑이로 피어오릅니다

아마도

여기 속초가
좋아서 살러 온 게 아니었잖아
학비가 모자라 떠밀려 온 곳
그 곁이 좋아서 따라온 나~

여행만 올 것 같았던 속초에
어쩔 수 없이 떠밀려 왔어도
그냥 잘 살아왔잖아

맑은 날도 흐린 날도
빗소리도 다 좋았듯
한계령 길이 낯설고 무서워도
아름다운 경치에 감탄하면서

그 산도 바다도 사람들도
무서웠던 고개도 아름답게 보이고
속초와~ 우리
만나서 출렁이며
함께 웃는 사람으로 되어 갔삻아

고향이라는 그곳 역시도
태어나고 싶어서 태어난 곳이

아니었잖아
~
외할머니의 옛날이야기만 듣고도
귀도 마음도 쫑긋- 행복했던 이야기!

지나고 나서 좋아지는 것도
뒤늦게 마음에 드는 것도
스스로 만들어 가는 운명이었나

떠밀려온 속초가 좋아졌듯이~~

아마- 네가 먼저 가 있는 거기도
여기가 그렇듯이
만날 수 없는 그 먼 곳도
보이지 않는- 우주 속의 영계도
너 역시
떠밀려 간- 그 어디라도
아마도- 그럴 거라고 믿어 볼게

소리만을 고집했던 아들
훌쩍 떠나고 안 보이니
남겨진 추억의 꽃으로
부족할 때의 소중함만큼
한 점 한 점의 기억도
다시 흐르는 노래로

외롭고 쓸쓸한 길에도
무언가 하나는
편안한 무언가가 있을 거라고

너도
나도
아픈 이별의 바닥을 보았으니
아마도

지나고 흐르면
지금보다는
덜 아플 거라고~

천천히 가지

겨우내 기다려 온
새봄의 꽃망울
희망의 꽃송이
천천히 피우며 가지

느리게 가는 줄 알았는데
피어날 봄날이 얼마 남지 않았는데
그때 포르투칼 공연 갔을 때도
대서양의 시작을 보는 까보 다 로까
해변에 서 있는 그 짧은 순간- 그보다
거기까지 가는 과정이 더 좋았잖아

엄마의 대기만성 상은
아직도 기다리고 있는데
대기만성 상을 타는 그 순간까지
가던 길로 천천히 가지

끝에 달린 목표물을 보는 순간보다
어딘가로 향해서 가는 긴 과정이
결과보다 먼저여야 하는 거잖아

눈보라 치는 겨울날

삶을 향해 몸으로 뒹구는
눈 속에 난 산토끼 발자국도
영화음악도 되고 노래도 되는
아름답게 흘러가는 흔적
아름다운 음악의 길에서

반짝 별을 보았나
둥근 달을 보았나
그냥 바라보면 되는 환한 곳
감동의 박수가 있는 공연
주변이 다 그런 것들이었잖아

막히면 돌아서 가고
좁으면 하나씩 가고
힘들면 함께 모여 가면 될 것을
긴 호흡의 공복감에
좀 오래 머물면 어때
비운 가슴에 노래를 담고
하얀 마음에 사랑을 담아
풍경 뒤에 흐르는
너의 영화음악처럼

신호등이 바뀌고 나면
초록 불도 켜질 텐데
이젠

긴 심호흡으로 텅 빈 가슴 만들어
딱딱하게 뭉쳐진 덩어리도
잘 풀어 보내는 훈련
아픔의 흙탕물을 가라앉혀
맑은 눈으로 바라보는 훈련
하얀 공복감에 고마운 추억으로
곱게 채워 가는 훈련을 합니다

잘 잊어 가는 훈련
잘 떠올리는 훈련으로

멀리 있는 그와 함께하려면-
천천히 가는 훈련이 필요합니다

고구마

초록빛 영혼이 햇살을 만나
땅속의 뿌리마다 주렁주렁
꿈을 매달고 뻗어 간
신비로운 햇살 알갱이

달빛의 달콤한 속삭임으로
푸른 하트 잎새의 축복 더해
토실토실 영글어 간
고구마를
상자에 담아
아기에게 보내던
바로 그날

귀한 하늘의 사랑 꽃
보랏빛 고구마 꽃도
그 밭을 떠났습니다

밭에서 고구마를 캐듯
길게 뻗은 줄기도 끊고
사랑스러운 잎새들도
뿔뿔이 흩어졌습니다

마디마다 주머니에 담긴
햇살과 달빛의 달콤한 선물
마음속 줄기에 딸려 나온
그 고구마 택배가 집 앞에
도착하기도 전에 그는 떠났습니다

전해 주고 싶었던
마지막 선물은
노란 호박 고구마였습니다

밤마다 내린 달빛의
그리운 정이
고구마 줄기마다 떠오릅니다

그 줄기보다 더 길고
더 질긴 사랑의 탯줄
너와 내가 이어 온 줄기
손가락 끝에서 길게 울려 나오던
피아노 소리도 끊어졌습니다

긴 줄기의 마디마디에는
이제 고구마보다 더 큰
그리움의 덩이가 붙어
뿌리 내려 자라기 시작합니다

"고구마가 달콤하고 부드러워"
"아기들이 좋아할 것 같아"
"엄마가 보낼게~!"

"고마워요! 엄마"
"잘 먹을게요."
"아기들이 좋아하겠어요."

이 문자를 마지막으로!
시든 줄기가 되었을까!
이 땅에서
마지막 전해 준
그 문자를 의미도 모른 채

해님이
달빛이
키워 온
마지막 선물은
싹튼 고구마가 되어
다시 땅속에 묻어야 했습니다

너에게
전해 주고 싶어도
못 전해 주는
간절한 고구마

이제
너에게 전해 주고 싶었던 고구마는
마음속에서 싹을 틔워
햇살 같은 사랑의 탯줄은
그리움 줄기로 이어져 갑니다

자동차

절 마당에 멈춰선 자동차
내가 탄 5,000km와
네가 탄 15,000km
겨우 이거 타고 멈출걸

그 거리에 담긴
희망의 질주
고통의 질주
물어도 너처럼
대답 없는 자동차

네비 1번이 우리 집인데
어디로 간 것이냐

네가 절에 있으니
내가 절에 가져다 놓은 자동차
절 마당에서 주인을 기다리듯
쓸쓸해 보입니다

언제 집으로 데려갈 거냐고
신나게 달리고 싶다고
100만 킬로 더 멀리

함께 달려 가고 싶어하는
2486 자동차의 운전석에
아들의 모습을 그려 보면

"엄마, 마음에 들지요."
"마음껏 다니세요!"
그래 놓고서
그런 기억 때문에
엄마는 못 타겠다

계속 세워 두기만 하니
계속 나가 버리는 배터리

배터리를 새로 교환한 후
"배터리가 또 나가기 전에
네가 좀 타거라~!"
그게 겨우 15,000km
또 안 타고 세워 뒀으니
다시 또 배터리가 멈추겠네

안 타고 세워 둬서 낸 배터리값 30만 원
그런 말을 하면서 건네줬는데
차 배터리는 30만 원이면 됐지만

네 마음의 배터리
엄마 마음 배터리는
어떻게 교환하고
어떻게 충전할 수 있나

아니
그보다 더 아까운
네 멈춘 시간 50년

네비에 저장된 주소를 읽어 보니
타고 갈 곳도
태울 사람이
이렇게나 많은데-

자동차도 달리고 싶단다
너와 함께~ 가고 싶은
주소를 적어 두었다고 말 좀 해 주지

플루트

긴 숨 만들어 멀리 불면
푸른 하늘로 날아가는 소리
흰 구름 되어 피어오르게나/

짧은 숨을 나눠 가며
꽃밭 음표 돌아서면
꽃이 피어나는 소리
나비 되어 들어 보게나/

하얀 음표 하나 꺼내
금빛 선율 입혀 보면
달빛 그림자 은은한
자장가에 안겨 보게나/

초록 음표에 숨을 멈추고
풀잎 향기 숨결 모아
숨 바람이 몰아가던 곳에
5월의 아팠던 풀잎에 누워 보게/

슬퍼서 울먹이던 소리
그리워 맑아지는 소리
어울림의 축제로 가는

가쁜 숨결의 행렬에도
서로에게 화음이 되는
꽃과 잎새로 함께했는데

짧은 숨에도 긴 출렁임
혼란의 큰 너울 지나면
부서지는 하얀 파도와
퍼덕이는 날갯짓으로
공연을 펼쳐 가던 바닷가

신록의 설렘을 꿈꾸던 무대
다음 악절로 가는 쉼표를 지나-
봄눈 녹은 설악산을 향해서
힘찬 초록으로 불어 보던
그 많은 날이 그립지도 않니!

반복되는 긴 그리움의 호흡
지루한 일상의 여과지 뚫고
설악산으로 부는 맑은 바람 같은 소리

울산바위를 지나 너에게로 가는
〈풍경의 기억〉 노래가
희망의 화음처럼 다가온다

맑고도 선한 네 마음의 소리

물처럼 흐르는 플루트 소리
건반을 구르던 피아노 소리
심장에서 흐르던 간절한 소리
그 소리가 듣고 싶어
그 악기 방문 앞에 서서
먼 하늘을 향해 귀를 댑니다

'풍경의 기억'(2022년 11월 작곡)

침묵

가끔은
천둥이라도 우르릉 쿵쾅
울려 주었으면 좋으련만
고요히 반짝이기만 하는 별

별들도 반짝이다 보면
그 어딘가에 매달려 있을
별세상의 반짝이는 이야기
나누고 싶어질 텐데

언젠가
마른하늘에 날벼락으로
내릴지 모른다는 두려움

날벼락은 없을 거라며
용기 주던 그 별은
침묵의 빛깔로
반짝이기만 했습니다

유난히도 반짝이던 그 별
자세히 바라보니
중얼중얼 입 모양이

무어라고 말을 할 것만 같은데
끝내
'반짝'이라는 소리는 듣지 못했습니다

'반짝'이라는
소리를 내지 못하는 별
그 소리가 내고 싶어서
더 반짝거리기만 했던- 그 별
입으로 소리를 낼 수가 없어서

손으로
마음으로
온몸으로 좀 더 보아 달라고
무섭게도 반짝거렸나 봅니다

까맣게 변한 마음속에 홀로
반짝이다가 그 누구도 함께
함께 반짝여 줄 한 사람도 없어
하늘로 올라가 반짝이기로 했을까요

소리 내지 못하고
바라보기만 했던 별
너는 반짝이며 애원했는데
나는 왜 반짝임의 의미를 몰랐을까요

끝내
다른 곳을 보며 반짝였을
소리 내지 못하는 별

큰 반짝임만큼이나
깊어져 간 어둠 속에

너와 나는
서로 마주 보고도
보이지 않아- 결국은
서로 다른 곳을 바라보며

마음으로만 반짝거릴 수 있는
침묵의 별이 되었습니다

발

넘어져도 세워 주고
무거움을 짊어지고
거기까지 뛰어와 준
고마운 발

엊그제 같은 어린 시절
손잡고 걸음마를 시작해서
어디까지 가 봤니

좀 더 걷고 뛰어야 하는데
뚜벅뚜벅 걸어와 준
발 닮은 힘든 발자국

그 고마움을 향해서
그동안 함께 해 왔던
수많은 손이 다가와
긴 박수를 보냅니다

음악이 불러내어
춤을 추던 작은 발
작은 발이 아장아장
사랑의 열 발가락

내 곁으로 다가올 땐
발자국도 웃음 안고

수많은 계단 길
땀방울 흘리며 오르던 발
올라갔다 내려오고
갈 곳이 아직도 많은데

초록 불을 켜 줄게
저기도 가야 하고
여기도 와야 하고
기다리는 친구도 많은데

안 보이는 네 발은
빨간 불을 만나서
오래 멈춰 섰다가
잠이 들어 버렸니

졸리던 몸이 깨어
노래 속에 숨어든
한 마리 나비 되어
노래 타고 날아 봐

더운 열기 속에도
신나서 달려오던
눈보라 몰아쳐도
휘청휘청 발걸음
땀방울 흘려가며
뛰어나와 반겨 준 발

기쁨의 그림자도
떠나는 그림자도
만남을 이어 가다

갑자기 멈춘 발이
누워만 있습니다

한 발이면 절룩이고
두 발이라 걸어가는
그 어느 곳을 걸어가든
지탱해 주던 든든했던 두 발
공연하러 갈 때 가장 신났던 발
엄마 발이 부족하면 빌려줬던 발
부르면 '콩콩' 뛰어올 것 같은 발

슬픔 위를 걸어가도
희망 찾아 뛰었던 발
힘들게 걸어가던 그 발을
마음의 손으로 씻겨 줍니다
따뜻한 눈물로 씻겨 줍니다

아프게 묶인 쇠사슬은 풀어내고
어디를 향해 걸어갔든
바람처럼 살랑살랑
펄쩍 뛰어서 건너보자

서로 다른 길 걸어가도
걷고 또다시 걷다 보면
신비로운 발걸음 되어

멈췄다 품어 대는 공연에서
그리운 연주자와 관객으로
심장의 박수 소리 울리던
노래 속에서 만나도 보자

그때
문래동의 신나는 공연
열정 어린 발길
부르면 달려 나올 것 같은
올곧은 발을 누가 불러내서
아픈 발목을 잡았나!

고였다 쏟아지는 폭포수처럼
멈춘 발 대신에 멈춘
마음을 터보면서 걷자

네가 보여 주고 싶었던
선하고 해맑은 모습 그대로
보랏빛 찬란한 별빛 아래
예전의 선한 눈빛으로 반짝여 보자

이제는 미안한 발
무거운 발 대신 마음에 날개 달고
가볍게 훨훨 날아서 만나자

관계

남들은 너무 가까워서
사고가 난다고 말하는데
자동차도 아니고
너무 멀리 둬서 그런 거 같아
미안한 관계의 사고

네가 잘 갈 수 있는 속도로
잘~ 가기만을 빌었는데
너무 멀리 있었나 보다!
한순간 닥친 엄청난 사고에
바닥에서 하늘을 향해
애원하듯 부르다
하루하루가 쓰러져 갑니다

음악과의 관계
아내와의 관계
아기와의 관계 모두가 다
사랑이 흐르는 관계
아름다움이 흐르는 관계였잖아

그 멈춤이 엄마에게
〈효도하는 관계〉였더냐

음악은 취미고 휴식이고
즐기는 것으로 생각한 나
음악을 일이라고 생각한 너
음악이 일이 되어 생긴
관계의 사고

소리를 들을 수 없는
고장 난 TV처럼
침묵의 관계

아픔의 딱지는 역사처럼
세월에 맡기고 가자

역사가 된 관계의 사고
앤 불린과 헨리 8세
엘리자베스 1세처럼
아픔을 뒤집어쓴 처절한 관계도
어딘가는 발전의 흔적으로 남은
아픔 뒤에 단단한 관계가 되어도
이어져 가야 하는 관계

우리
다시 그리는 관계는
푸른 싹과 햇살의 관계
우주의 생명과 빛의 관계로

구름이 머무는 푸른 하늘의 관계
만남과 이별 영원의 관계는
그런 관계였으면 좋겠다

비우는 여행

여기가 힘들 때는
저기로도 가 보고

마음이 전쟁 중이라
피난 가는 여행

무언가가 잡으러 쫓아와
도망가는 여행

그냥
마음을 달래러 가는 여행이라고
해 두잡니다/

그저
목적 없이 무작정 떠나는 여행
무엇을 만나러 가는지도 모르는
계획 없는 여행

계획은 했어도 나중에 보면
엉뚱한 곳에 가 있기도 하니
낯선
누구를 만나도 두렵지 않은

그런 여행을 갑니다

의미 있고 중요한 것 없어도
괜찮아~~ 네가 먼저 간 거기

우주의 한 모퉁이
내가 안 가 봐서 모르는
영원의 세계도
의미를 찾아서 가는 게 아니잖아

함께 가자고 약속해 놓고
기다리기만 한 여행
마음의 전환이 필요해서
끝내 너를 두고 떠난다
너는 그렇게 떠나고
나는 이렇게 떠나고

너는 혼자 가는 여행
나는 함께 가는 여행

무거운 현재가 힘들어
떠나보냄에 의미를 두는 여행

어디로 갈지 몰라 허둥대다가
쓸쓸함의 날개로

날아 보고 싶어서
흘러가는 것들을
가만히 바라보고 싶다
남은 시간은
물도 바람도 구름처럼
작은 꽃에도 감동으로
무엇이 되어 사라지는
스쳐 가는 모든 것들에
감사하는 여행이고 싶다

함께 가는 순간만을 위한
발 따로 마음 따로
생각도 욕심도 없는
구름 같은 여행이고 싶다

가방에는 설렘도 채우고
기쁨이 넘치는
그런 여행이 아니어도 좋아
무거움은 내려놓고
늘어진 생각의 날개를 퍼덕여
덕지덕지 붙은 먼지를 털어
정신 못 차리게 하는 여행

한 곳만 바라보는
생각의 감옥을 나와

잠시 가볍고 평온한 빈 마음으로
모든 것 다 내려놓고
그렇게 떠났듯이
욕심 없는 빈 마음의 여행
영원한 여행의 의미~
고요히 함께 바라만 보자

슬픔도 갈등도
아름다운 노래 주머니에 담아 두고
조용하고 편안한 공간이면 돼

"세배드리러 갈게요" 하던
만남의 빈자리를
돌려놓는 여행

훌쩍 떠나고 못 돌아오는 여행
한 번만으로 끝난 여행
떠남의 이유
그 이유는 역사처럼 묻어 두고
바람이고 구름처럼 떠나는 긴 여행

새로 태어나는 모르는 여행길에
혼자만 보내서 미안하다

함박눈 내리는 산

불기둥이 뿜어 나와
망가진 산자락에도
함박눈이 쌓입니다

불타서 사라진 나무
깎아 놓은 민둥산에
화산재 모인 자리도
하얗게 덮어 줍니다

세월을 견디다 못해
뜨거운 땅속 열기를
족두리로 눌러쓴 채
피어나는 뽀얀 연기

자라다 멈춘 잎새도
뿌리를 깨우고 싶어
소원을 빌어 주는 산
온몸을 불태우고도
꿈틀거리는 생명력

그때 눈썰매장에도
이렇게 내려왔었고

너는 눈썰매를 탔지
깊이 쌓인 그리움을
하얗게 쏟아 내는 산

하늘과 땅이 이어져
새로 생긴 눈꽃 풍경
끓어오르던 바위도
차갑게 식어 버린 산
달라 보이는 풍경쯤
그리 중요하지 않아

한 곳에는 쌓여 있고
한 곳은 녹아듭니다

함께 맞으며 걸어가
눈발에 실어 보내고
눈으로 만나고 싶은
가여운 눈물 방울이
눈꽃으로 내려앉은
함박눈 내리는 산길

눈꽃 하얀 산언덕에
날아드는 지친 산새
가벼운 날개 펴고서
하얀 함박눈 사이로

전처럼 날아올라 봐

찬란한 오색 빛 날개
활짝 펴고 날아와서
힘겨운 여행길에는
튼튼하게 쌓은 성에
잠깐씩 쉬었다 가자

엄마의 무거운 어깨도
가벼운 나비 날개로
바꿔 달고 만나련다

알약의 한계

쉬지 않고 무언가를 추구했지만
정작 자신만의 행복이 아닌
관객을 위한 공연만 했나 보다

누군가의 잣대로 잰 수치에 맞추려고
손과 발이 지쳐 쓰러질 때까지
펼쳐지는 풍경에 맞춰
쉬지 않고 움직여 갔지만
깜깜한 구석으로 몰릴 즈음
알약 하나에 마음을 걸었을까요

그 알약이 불처럼 밝혀 주고
해결해 주었으면 얼마나 좋았을까

한 알 먹으면 고열이 뚝
한 알 먹으면 기침이 뚝
한 알 먹으면 통증이 뚝

한 알 먹으면
슬픔이 기쁨으로
또 한 알에 고통의 통증이
행복으로 바뀌는 알약

세로토닌과 도파민의 알약
그런 알약은 무엇이었을까

처음부터
고통이 기쁨의 시작이고
아픔이 행복의 시작이라면
알약에 의지하지 않았을까요

행복과 불행은
동전의 앞뒷면처럼
한 번만 뒤집으면 되는데
굴러갈 생각을 하지 않아서
행복으로 굴러가는 알약을~

아니
굴릴 힘이 모자라서
기다릴 수 없었을까요
함께 달려가 굴려 줄 손도
함께 뛰어 줄 발도 있는데

혼자서 뛰다가
알약에 의지하다가
알약만 남겨 두고 떠난
얄미운 알약의 한계

떠난 자리에 소복했던
진통제 소염제 항생제
알약에 떠밀려 난 것은
아픔만은 아니었으니

한 알이면 될 것 같았던
알약이면 다 잘 될 거야!
알약 같은 한순간의 생각

두려움을 한 방에 날려 줄 것 같았던
알약 하나에 모든 것을 걸었던
무서운 알약의 한계를 실감합니다

봄

벗꽃이
피었다/
모였다/
꽃 세상을 꿈꾸다가
꽃 이야기 몇 마디 나누었을 뿐인데
꽃 노래 부르는 사이 사라져 갑니다

하늘로 날아올라
다시 모여 별꽃으로
더 멀리 꽃 세상 꿈을 찾아

맑은 눈부심으로
화사한 웃음꽃으로
이 봄에 꽃잎 타고서
'효도하러 오려나!'

봄 햇살 따라
꽃잎도 내리고
웃음꽃도 내려와
꽃을 품고
민들레 홀씨 되어 멀리 날아간
짧았던 봄날의 기억

모여 있어 불꽃처럼
지지 않는 꽃잎으로
순간순간 타오르다가
새로 돋아난 푸른 잎
꽃향기로 요동치는 봄

꽃잎 실은 바람 타고
너도 그 꽃잎에 섞여
내려올 것 같은 봄날

하늘이 숨 쉬는 자리
햇살 머무는 곳마다
이 봄에는 누구나가
모여서 고운 꽃으로
함께 모여 수놓아 보자

눈부심으로 통하는
'꽃 닮은 마음' 되어
꽃에 머물고 있을 거야

어둠 속에서 기다리기엔
너무~ 짧은 봄날
슬퍼만 하기에는
  너무 잔인한 봄날
  민들레 홀씨 되어

날아도 보고
피어도 보는
꿈의 홀씨로
어딘가에서 기다리고 있을 거야
봄이 오가는 길목에는
꽃잎도 바람이 되어 갑니다

손

세상의 아름다운 소리를 담고 싶었던
단풍잎 같은 붉은 열정의 손은
건반 위에만 올려져 있었습니다

어느 날은 하얀 노래가 담긴 손
어느 날은 까만 슬픔이 담긴 손
그 손에서 나오는 소리는
다 기쁨의 소리인 줄 알았는데
이제~ 잡을 수 없는 그리운 손

얼마나 많이 잡아 보았니?
따뜻한 감촉을 기억하지!
사랑의 감동도 느껴 보았지!

세월과의 약속
사람과의 약속
자신과의 약속
노래 속의 약속
손가락 걸었던
그 약속은 어찌하라고

밥숟가락을 얼마나 많이
쥐어 보았니?

모두가 다~
생명이었고
따뜻했잖아!
그 보답을 언제 하려고!

꿈과 야망
이제는
아픈 갈등이 아닌
아름다운 것만
사랑스러운 것만
고마운 것만 골라
남겨진 마음의 공간에
담아 두면서 가자

아름다운 소리를 위해
검은 건반 흰 건반
수만 번을 넘나들어도 갈증 났던 손
~ ~
사랑의 화음이 담긴 손이 아니었더냐!
노래만을 전해 주던 손에
더 머물러 주면 안 되었니?

잡아 줄 손이 부족했나!
건반 위에서도 힘들어진 손
노래를 타고 보듬으며 가자

온 마음을 다해 얼마나
많은 편지를 써 봤니?
아직 다 쓰지도 못했는데~

그 마음 다 읽지도 못했는데~
미안해서 아플까 봐
내밀지도 못한 손
너를 위한 손은 어디로 가고
고통의 늪으로 몰아간 손
세월을 뒤집은 가혹한 손
차가워져 더 잡아 주고 싶은 손
그 미운 손을 용서하며 가자

그 가여운 손에
내 손을 더해 가슴에 얹어
선하고 아름다웠던
너의 노랫가락을 타고
기도의 편지를 써 보낸다

고마웠고 기쁨 주던
그 느낌만 길게 늘여
감사했던 기억만 안고
가여운 손을 꼭 잡고서 가자

그리움만 전해 주지 말고

희망의 온기로 만든 노래
허전한 영혼 위에 틀어 놓고서
네 '풍경의 기억' 노래처럼
푸르고 맑은 하늘로 흐르며 가자

걸음마 배우다 넘어지고
한 계단 오르다 넘어져도
잡아 주면 잘 일어섰잖아
아직도 남은 힘든 계단
잡아 줄 손이 이렇게나 많은데

아기와 아내에게 양보했던 손
그 전에 더 많이 잡아 줄 것을
손이 잡고 싶어질 때는
어디라도 손을 내밀어
마음편지로 전해 주며 가자

희망을 내려놓은 손
악기를 내려놓은 손
닫아 버린 공간에
그 손을 타고 흐르던
노래 같은 마음을 담아

감춰 두고 못 냈던 소리
사랑의 악기로 깨우며 가자

악몽

오늘 밤도, 내일 밤도 아닌
어젯밤에 꿈을 꾸었습니다

지나간 어젯밤의 꿈
눈을 뜨고 일어난 순간
추억이고 역사 같은 옛이야기
꿈속의 이야기에 눈물 흘립니다

사라져 간 꿈에 집착해서
매일 울기만 한다면 그것은
악몽이 분명합니다

소중한 이야기도~ 꿈
아픔의 이야기도~ 꿈
사랑스러운 이야기도~
악몽으로 되어 버린
지나가 버린~ 꿈은

말라버린 우물가에 갈승 나는 꿈
꿈을 꾸면 꿀수록 목이 마릅니다

소중한 사람이 잠깐 보이는

오색 찬란한 무지개의 꿈
신이 아닌 나는
신의 마음을 모르는
나는--

그때 그 중요한 시기에도
아무런 도움도 되지 못한
나는--
이미 악몽으로 지난 어제
어쩔 수 없이 꾸어야 하는 꿈으로
곱게 보내 주어야 합니다

악몽이어도- 길몽이어도
과거라는 꿈으로
떠나- 보내야 하는 꿈

네가 지나온 길은
지키려 했던 의미가 있는
충분히 아름다운 길이었다
축복의 길만은 아닐지라도
빛나는 소리와 함께여서
심장을 쿵쿵 뛰게 한 소리
그가 추구한 음악 세계
더는 망가뜨리지 않도록
그 길에서도 그만이 추구했을

헛되지 않을 의미
그 소중한 의미의 빛을 따라가 봅니다

이루지 못한 이상
하룻밤의 꿈이어도
엄마에겐 길고도 잊지 못할 꿈

가끔은 꿈속에서
악몽 속에서라도 만나면
많이 사랑했다고
그립고 보고 싶다고
이렇게 적어서 전해 주렵니다

양간지풍

나무가 흔들
버스가 흔들
화가 난 바람이
온 산을 때립니다

벼락 치는 소리로
불어올 때마다
하늘도 흔들
버스도 흔들
오직
바람을 피한 버스
버스가 떨면 나도 떨고

바로 저 앞에
당당하게 우뚝 서서
그 바람을 감싸듯
산 아래로 바람을 쓸어내리는
울산바위가 다가옵니다

날아드는 바람에
수천 번 부딪히고 견뎌 냈을
미시령의 나무들

이 바람과 마주하며
숨죽이고 맞이할
아기 나무를 생각합니다

나는 그 누구의 어떤 바람이었나
미안한 바람이었나
따뜻하게 불어 갈걸
감싸주며 불어 갈걸

울산바위는 긴 세월
바람을 품고서 지켜내지만
나뭇가지 사이로
간신히 흘려보내던
아기 나무는

한순간의 바람
영혼의 거센 바람
그 바람이 무서워
눈을 감았습니다

저 산의 큰 나무처럼
중심을 꼭 잡고
두 팔을 크게 벌려
공간을 키우면
고통과 두려움의 바람도

그 사이로 지날 거라고

너와 나 사이에 불던 바람
양양과 간성- 양양과 강릉
미시령을 들썩이던 양간(강)지풍도
우리 마음을 쓸고 간
너와 나 사이 상실의 바람도
지난봄 무지막지하게 불던 이별의 바람도
이미 지나간 바람

머물지 않는 바람^^
감당할 수 없는 한순간의 바람^^
상실의 바람도 아마 그럴 거라고

불어 가고 나면
다시 파란 하늘일 거라고
수억 년을 지탱해 온 울산바위의 교훈처럼 적어 둡니다

빈손

"손에만 꼭 쥐고 가거라."
"주머니에 넣으면 안 돼."
여섯 살 아이는 선생님의 돈을
손에 꼭 쥐고서 심부름을 갑니다

'주머니에는 절대로 넣지 않을 거야.'
'그 약속은 꼭 지킬 거야'
다짐하며 갑니다
가다가 다시 한번 손을 펼쳐 봅니다
여전히 손바닥에는
주셨던 주신 돈이 그대로 있습니다

그것은 돈이 아닌 꿈이고
희망이었습니다
'난 심부름을 잘 해낼 거야.'
'주머니에는 넣지 않을 거야.'
'잘 지킬 수 있어!'
다시 한번 다짐을 했는데
화장실도 들르고
놀이터도 들르고
손을 펴 보니 빈손입니다

주머니에는 넣지도 않고
그 약속을 꼭 지켰는데
아이의 소중한 보물은
어디로 갔을까

전해 줄 돈이 없어진 아이는
다시 돌아갈 수가 없습니다
주고 싶던 희망이 사라진
아이는 얼굴 볼 수가 없어
고개를 푹 숙이고
땅만 쳐다봅니다

더 넓은 운동장으로 나가
빙글빙글 돌면서
찾기 시작합니다

아무리 돌아봐도
손에 쥐었던 돈은
나오지 않습니다

찾을 수 없어도
보이지 않아도
빈손만 보면서
멈추지 않고 돌았습니다
언제까지라도

그 약속을 지키려고
이 세상의 운동장을
돌고 돌았던 아이

손에 쥐고 있던 것은
꿈이고 희망이고
꼭 전해 주고 싶었던
자존심이었습니다

지금도 쉬지 않고
우주의 운동장을 돌고 있을까

혼자 못 찾으면
함께 찾으면 되는데
아이는 지칠 때까지
운동장을 돌다가
전해 줄 수 없는 고통에
잠이 들었습니다

약속이
희망이
꿈이 사라진 게 아닌데
그 곁에 모두 있었는데
아이의 눈에는 보이지 않았나 봅니다

사라진 것만 찾다가
전해 줄 것만 찾다가
빈손을 보면서
잠들었습니다
선생님과의 약속도
엄마의 희망도 모두 다 사라진
빈손은 존재감이었습니다

조각조각 끊어진 기억
빈손에는 마음만 남았습니다
미안한 마음만이 가득 담긴 빈손

'여섯 살 그때도 안 보여주려고 했었지'
빈-손이 부끄럽고 미안했나 봅니다
'엄마에겐 빈-손을 보여 줘도 되는데'
엄마는 그때도 지금도~
아무것도 쥐여 줄 수 없는
빈~ 손만 꼭 잡아 주었네

다시 봄꽃 되어

눈 쌓인 산자락 바위틈에
살며시 다가온 봄 햇살
차가운 껍질 벗겨 내고
고개를 끄덕이며 반기는
뽀얀 얼굴은~
바람꽃인가

오랫동안 올려다보며
마중 나와 기다리다가
봄이 열리는 새벽
별꽃 되어 쏟아져 나온~
빛나는 웃음
~~
항상 그럴 줄 알았는데
이전 봄에 그러했듯이

다시 또 피어날 거라고
안다는 것의 기대감이
아프게도 합니다

고개 숙인 겨울나무의
두려움을 이겨 내는

새봄의 기도처럼

네가 꽃인지
꽃이 너인지
영정사진 옆에 누가 적어 놓았나

스스로 필 수 없는 화병 앞에서
두 손과 마음을 바닥에 대고
엎드려 절만 합니다
푸른 기억으로 꿈틀대며 깨어나 보라고

겨우내 떠나있던 초록 잎
메마른 갈증에 땅속 깊이
숨겨둔 사랑의 뿌리에도
초록빛 봄비의 축복이듯
흰 눈의 기다림이 스며든
내 사랑 진달래 동산
붉은 불덩이가 타올라
가슴을 태운 꽃바람 오월

그래도 잊지 않고
분홍빛 웃음으로 다가와
모든 봄 동산이 그러했듯이
함께 꽃으로 되어 가는
네 산도 붉은 봄날이다

다시 피어날 수 있어서
감사한~ {봄}
너의 빈자리가 쓸쓸한~ {봄}
꽃만 말고 너를 초대하고 싶어!
~
우리 서로 마주하던 지난 봄날처럼
그날의 아픈 흔적 위에도
언제 찾아들지 모를 나비를 위한
꽃이 되어 기다립니다

널뛰기

세상이 너무 무거워
굴러지지 않았어?

조금씩 나누어서 구르지!
기다렸다 구르고
떨어질 것 같으면
손잡고 구르지!

네가 너무 가벼워
꿈쩍하지 않았어?
그래도 함께 모여
잘 맞추면 되는데

아니
가운데 중심이 필요했었나!
엄마가 중심이 되어 줄 텐데

푸른 하늘 쿵쿵
내 가슴이 쿵쿵
내가 세게 구르면
너도 높이 오르고

엄마 마음도 쿵덕쿵덕
보고 싶은 심장이 널을 뜁니다
삶과 죽음 그 사이에서

저 세상 먼 곳까지 날아
주고받을 리듬을 만들며
이 땅을 향해 다시 힘껏 굴러 봐

나비 날개를 달고
아름다운 선율로
아픈 먼지 털어 내고
가벼운 몸이 되어
'하늘 높이 날아 보자.'

이 세상~ 아픈 담벼락 너머
저 세상~~ 빛의 풍경 위에
네 얼굴이 떠오를 때까지~!

좀 (벌레)

누군가
"세월이 좀먹니?" 했지만
세월도
마음도
좀먹는가 봅니다

하얀 꼬리 흔들며
안 보이는 가느다란 몸으로
쳐들어와서
시나브로
시나브로

언제 그랬는지도
나도 모르고 너도 모르게
갉아 놓은~ 좀의 흔적

보고도 빨리 도망가
잡지도 못하고 뭔지도 몰랐던 좀
어두운 틈새에 숨어서
시나브로

세월도

마음도
갉아 먹는 좀을
미처 몰랐습니다

좀은 그저
세월을 좀먹지 못하는
하찮은 벌레쯤으로
무시해 버렸는데

넓고도 좀스러운 세상
좀이 슬어서 아픈 세월
알게도 좀먹고
모르게도 좀먹고
뒤늦게 알게 되어
잡으려고 눈에 불을 켜고
쫓아도 다녔습니다

그런데
다 어디로 숨었는지
좀을 찾을 수가 없었습니다

좀에 대해 아는 게 없어
잡아 주지 못한 게 참 미안합니다
좀을 몰랐던 것이 더 미안합니다

약을 치고 기피제를 붙여 놓아도
숨었다가 다시 나오는
질긴 벌레인 줄 몰랐습니다
그 작은 좀 벌레가
마음에도 있었나 봅니다

마음에 붙이는 기피제도
뿌리는 스프레이도 있었을 텐데
우습게 생각하다가
좀 같은 작은 벌레에
무너져 내린 세월
~ ~ ~
이제는
좀 벌레가 문제가 아닌
떠나간 아들의 시간이

다시
남겨진 엄마의 시간을
스스로
'좀'먹고 있습니다

좀먹어 구멍 난 공간을
보랏빛 영혼으로 채워 갑니다

'좀'을 깔보고 몰랐던 엄마의
무능함을 나무라듯이//

빨래

자꾸만 솟아오르는 아픈 먼지
통증으로 아른거리는
그 세월을 돌돌 말아
꾹 눌러 짜낼 수 있다면

무겁고 축축해지는 옷을 벗어
까만 얼룩 아픈 흔적만 모아
맑은 물에 씻어서
푸른 바람에 헹궈 보고 싶은 날

깊이 젖어 잘 마르지 않는
눈물방울도 새 아침의
햇살 줄기 타고 반짝일 때까지

붉은 오월의 얼룩
조금은 사라지라고
찬란한 태양 뜨거운 바람에
말리고 또 말려 봅니다

비가 내리는 날은
마음을 비틀어 짜고
바람이 부는 날은

세월을 흔들어 털고

그렇게 시간이 지나면
멍든 기억의 알갱이도
숲속의 푸른 기운과
햇살의 온기에 풀어지고

보고 싶은 욕심과
갈등을 내려놓는
기도로 올려다보면
빨아 널은 빨래처럼
푹 젖은 얼룩 자리도
뽀송뽀송 마르겠지요

네가 전해 준
아니 우리가 만든
함께 짊어져야 할
만들고 싶지 않았던
이별의 얼룩
갈등의 흔적을
빨랫줄에 펼쳐 널어 봅니다

불어오는 새바람에
흘러가는 시냇물에 엎고서 지켜봅니다
내 의지로 어찌 못하는

이별의 상실감도
오롯이 내 몫
불어 드는 푸른 바람에
파랗게 물들어 마를 때까지

언젠가 꼴찌로 올지도 몰라

"장애물 달리기는 기회야
마지막 기회니까~ 잘 잡아 봐!"
꼴찌만 하던~ 너와 나의 달리기 꿈은 3등이잖아!
빨리 온다고 약속해 놓고서 오지 않는 아이!
"왜~ 안 오고~ 뭐 했어?"

"대야 속의 미꾸라지가 안 잡혀서요"
"천천히 잡고 있던 중이었어요!"
"천천히 잡으면 도망가지!"
"빨리 잡아도 도망가요!"

안 잡힌 것인지!
안 잡은 것인지!
벌레도 못 잡던 선한 아이는
희망의 출발선에만 서 있었습니다!

결승선에 선 나는- 계속 기다리기만 합니다
그때처럼
만남이 있는 꼴찌의 모습으로 돌아와 주었으면
아직도 거기 대야 앞에 앉아서
미꾸라지를 잡고 있었으면

희망의 출발선에 보이지 않는 아이
꼴찌를 꿈꿀 수 있던 모든 날은
희망의 출발선이었습니다

기다려도 못 오게 붙잡은 장애물은
미끄러워 안 잡히는 미꾸라지였을까요

장애물이 있어도 오늘이 마지막 축제장이듯
아름다운 노래만 안고 힘껏 달려온 아이에겐
꼴찌도 함께 즐거움의 이어달리기였는데

빨리 잡아도 도망가고
천천히 잡아도 도망가는
미꾸라지처럼 애태우던 것들마저도

더 오래
더 천천히〉
바라보고 싶어지는 지금

엄마는 빨리빨리 대신
천천히〉를 주문하고
아들도 여전히~ 천천히

"조금만 기다려 주세요!"
얼마 전에 말해 놓고서

뭘 기다리라고 하는지도 몰라
그냥 뭔가를 기다리고 있었는데
그 좋은 기다림을 누가 빼앗아 갔나!

기다림의 짧은 줄은 다른 기다림의
긴 줄로 이어져 내 힘으로 깨울 수 없는
깊은 잠이 들었습니다
~~~
콩주머니에 맞아도 신이 나고
축복의 박을 터트리던 운동회처럼
이별의 진통을 견디고 나면
희망의 박이 다시 열릴 수 있을까요

그 옛날 희망의 출발선이 그리워
오래 기다리다가 언젠가
먼 훗날 천천히

꼴찌로 늦게라도 와 줄 거라는
긴 보랏빛 매듭으로 이어 가는 희망
새로 열리고
새로 입학한
우주 학교의 드넓은 운동장에서

희망의 박〉을 터트리며 환호하는
아들의 얼굴을 그려 봅니다

카르마

세월은 앞으로만 흐르고
물은 아래로만 흐르는데
내 마음은 뒤로만 봅니다

희로애락의 바위를 뚫는 동안
벌벌 떨며 바라보던 물방울
탄생의 순간 마셨던 물방울
생명을 이어 가 주는 물방울
긴 대롱 지나 먼 길 흘러온 물방울
물방울은 계속 흘러야 하는데

만나고 스치는 세상의 신비로움
새로운- 지~ '식'을 알아 가며
고통으로도 바뀌는 낭떠러지에도
함께 모여 좁은 길도~ 넓은 길도
아래를 향해 잘 흘러갔잖아
~~
깜깜한 어둠 속의 알 수 없는~ 변수는
세상 속의 어려운 술래잡기였나
모든 학'습'은~ 다~ 모두의 행복을 위한 길인데
아래가 아니고 위로 흐르고 싶었니??

그렇게 흘러가라고 그런 방향으로
쉼 없이 몰아간 '습'의 반복적 아픔의 혼란
그 업의 결과가 '보'로 나타나
흐를 수도 없는 눈물이 되었나

어둠의 속도로
빛의 속도로
털어 낼 여유도
녹여 낼 시간도 없이
풍선처럼 부풀어 오르다 터진
너무도 빠른 업과 보의 관계

질량도 불변, 사랑의 에너지도 불변
마음속을 힘들게 하는 티끌은
좋고~ 싫은 갈등의 매듭으로 이어 가다
많이 좋아해서~ 많이 슬픈 것인가
많이 욕심을 내서 많이 아픈 것인가-
꿈과 이상~ 세상 위의 욕망 그 위를
더 빨리 날아 보고 싶었나-

더 빨리 '습'으로 다가가는 지름길
도망가고 싶은 조급함의 '습'
쉬엄쉬엄 만든 노래~ 감상하다 보면
반복적으로 생겨난 '습'의 매듭을
함께 풀어 줄 수도 있었는데~~!!

어느 골목에서 꺼내 놓고 바라보다
초라한 모습을 너무나도 환하게 비춰 주었을
미운 햇살에 부끄러웠을까요

수많은 업으로 만나
숨이 막히게 되는 순간
찾아온 '보'가 쏟아져
업과 보가 시소를 탑니다

행복을 위해 배워온 '식'에서 어둠의 길만 보여
변화무쌍한 밝음의 '인'으로 나갈 수 있는 길이
보이지 않았을까요

희망이라고 꿈꿔 온 학습이 아픔을 주고
상처 입은 영혼이 어둠 속에서 헤매고 있을 때
선과 악 수많은 업의 갈등이 일으킨 사고

누가 정해 준 출발 값에
누가 정해 준 꿈과 이상에
나만의 행복은 쏙 빼놓고
관객만을 위한 행복이었나

"넌 왜 공연을 직접 보여 줘야만 했니!"
"그냥 다른 공연을 보기만 해도 됐잖아!"
제1의 관객이던 엄마는

그 아픔이 된 카르마 앞에
또다시 미안하다고 적어야 합니다

주고받은 '습'이
강한 폭풍의 '업'으로
보고 싶어 애태우는
눈물 흘리는~ '보'로 되어 갑니다

보여 주고 싶은 공연을 위해 생긴 '습'/
좋고 싫음의 흔적마다 생겨났을 ~ '업'/
그 업이 모여 다시 우리를 부르는 '보'/

붙었다 떨어졌다 쉼 없는 '습'처럼
돌고 돌아 다시 불어오는~ 바람

눈물짓게도~ 웃게도 하는
업과 보의 두 날개를 퍼덕이며
보랏빛 영혼을 향해 갑니다

그 산의 겨울

지장보살이
언 땅을 품어 안아
온기로 들썩여 주면
조금은 따뜻할까요

흰 눈의 발길 따라
하얀 옷 갈아입고
하늘을 누비는
긴 여행길에도

눈꽃 친구가 있어서
외롭지 않을까요

옛 노래인 양 들어 보는
마흔한 번째의
겨울 이야기
얼마나 춥고 아플지
그 겨울의 전망대로 갑니다

바람의 연주처럼
사각사각 날아드는
너의 겨울 소식

두 사람의 마음을 모아
너를 바라보는
전망대로 보내면
쌓이기도 하고
녹이기도 하면서
흰 눈 타고 날아가는
엄마 아빠의 간절한 마음

맞은편 전망대에서 돌아드는
답장처럼 날아오는 봄 눈송이

아픔의 춘화현상 지나면
그곳의 전망대에도
봄꽃이 피어날 거라고 합니다

신선봉 등산

좋아서 오른 설악산 신선봉도
예기치 않게 만난 애도의 산도
내 발로 오르고
스스로 넘어야 합니다

숨이 차서 갈림길에
주저앉아
이- 쪽 길을
저- 쪽 길로
헤매기도 하던 길목

애도의 산에도 갈림길도 있고
내려가는 꼭짓점도 있을 거라고

올려다보기만 한 봉우리
저기가 신선봉인데 '수바위'를 지나
'화암사'를 내려다보며
기어오르던 신선봉

주저앉고 싶어질 땐
발끝만 쳐다봅니다
이렇게도 힘이 드니

'어떻게 좀 해 보자고~!'
'발도 지쳐서 쉬고 싶다고'

신선이 보일 것 같은 신선봉에서
기다리는 것은
빨간 마가목 열매
다닥다닥 빨간 알갱이로
푸른 하늘에 수를 놓은
금강산의 새로운 시작점

이 산에서
저 산으로 이어지는
힘든 갈림길
끝이 아닌
〈시작〉을 배웁니다

힘든 지금은
발끝에서
한 발이면 돼

눈앞에 보이는
이 바위 하나만
기어오르면 돼

너와 나를 아프게 한
새로운 시작도
저 산꼭대기 말고
발끝만 보면서
발끝에서 시작합니다

햇살로 다가온 오늘이
바위처럼 무거운 날은

신선봉의 다닥다닥 빨간 희망처럼
오늘 하루만 기어올라 보자

다시 오월의 운동회

초록 들판은
꽃들의 아우성을
운동장은~
아이들의 함성을

잔인한 오월의 만국기 이어 달고
더듬더듬 넘어
오월의 운동장에
다시 모였습니다

그리움의 만국기
펄럭이며
하얀빛 마음에 그려 보는
무지개 웃음

날듯이 뛰는
씩씩한 친구들 곁에
거북이처럼 기어도
신바람 났던 운동회

넘어질 것 같아~ 멈추고
부딪힐 것 같아~ 서고

긴장과 떨림 속에 꼴찌도 즐겁던
이어달리기처럼

보고 싶은 사슬
미안함의 사슬- 수많은 사슬이
힘겨운 이어달리기를 합니다

그런 사슬이 길게 이어진
아팠던 오월의 기억
장미 향기 속에서도
응원의 박수 소리가 들립니다

고마움의 이어달리기로
한 번 더 일어나서 달려 봐
'이번엔 잘 뛰어'
'넘어지지 말고'
'부딪히지 말고'

새로운 영계의 출발선
새로 간 우주 학교의
넓은 운동장을 향해
응원의 박수를 보냅니다

유월의 설악

하늘이 내려 준
초록 융단 사이로
넘쳐 흐르는 생명의 향기

소낙비에 주룩주룩
하늘 따라 피어올라
짙어져 가는 연둣빛
시든 잎은 온데간데없고
신록에 잠긴 설악산

비장한 각오로 날아든
초록 거품이 방울방울
온 산으로 떠오릅니다

산줄기 타고 미끌미끌
온 산 가득 꿈틀대는
초록빛 생명

거품 따라 녹아내리고
연둣빛으로 피어나는
바위틈의 이끼 곁에
부딪혀 아픈 상처도

마법의 거품 보글보글
어딘가는 맑음으로
누군가는 투명해진
세월의 계곡

스쳐 지난 자리마다
시름의 먼지 걷히고
생명의 흐름을 따라갑니다

어느새 새 생명의 순이
훌쩍 자란 아기 나무
유월의 설악산처럼
시든 생명도 솟구치게 하는
신비로운 영계의 우주

보이지 않는 그곳에서는
빛으로 소통한다고 하니
~
솟아나는 생명의 초록이
보랏빛 여린 영혼을
초대할 것 같은 유월입니다

고장 난 TV

TV를 켤 수가 없습니다
TV가 잘못한 것도 아닌데
한 바퀴 돌아 나오면
예전의 웃음이
슬픔의 화음으로 변해 버리는
TV를 보며
따라 웃는 게 미안해서
TV를 끕니다

TV가 잘못된 것이 아니고
내 마음이 고장 난 것인데
TV 속 이야기에 웃고
감동하는 모습을 보면
마음이 없는가!
마음이 잘 적응하는가!

어느 날
내 마음을 아는지
소리가 멈춰버린 TV를 고치러 온
엔지니어가 말합니다

"사람으로 말하면 정신이 나갔습니다."
'TV도 나랑 똑같네~!'

고치지도 않고
사지도 않고 그대로 둡니다
한 바퀴 돌아 나오는
침묵의 기다림
기다림만 담아 두면서

그리움의 돌덩이가
바위처럼 자라나니
조금만 움직이면
뾰족한 아픔에
고장 난 TV처럼
고장 난 순간순간만 있을 뿐
죽음은 없어

떠오르는 순간의 영상
노래도 되고 웃음도 되던
그때의 감동 그대로
내 가슴에 기억으로 살아 있듯이

모두가 한 곳으로 이어져
어딘가가 고장 나
한순간 들리지 않아도
마음의 소리로 이어 가는 거야

고장 난 TV를
고장 난 가슴으로 툭툭 쳐 봅니다

계단

너에게로 가는
계단은 어디에

내려올 수 있을 만큼만 올라가지
내려올 수 없는 거기까지 올라갔어!

바라보는 계단에
가까이 다가서려 하지만
자꾸만 멀어져 갑니다

두 계단 세 계단 한꺼번에 뛰다가
넘어져서 발목이 다치기도 했었지

네가 처음으로 힘들게 오르내린 계단
구불구불 길었던 을지로6가 지하 계단
단번에 오른 다섯 살 그때는
형과 손잡고 껌 하나로도 잘 참아 냈는데

세월의 계단은 발이 커졌는데도
오르고 싶었던 꿈의 계단은
그 계단보다 힘들었나
오를 때 힘들게 하는 것
내려올 때 힘들게 하는 것

무거움은 버리고
가볍게 오르내리지

오를 수 없는 계단
푸른 하늘로 가는 계단은
까마득히 두려운
영원으로 가는 계단

널 사랑한 계단이 10층이라면
지금 추락하고 있는 계단은 100층도 넘네

부족한 사랑의 계단을 올려다봅니다
추락만 하는 미안한 계단
미안한 계단을 오르는 편지를 씁니다

걸음 steps(2021년 12월 31일 곡)

외할머니의 작은 농

외할머니의 작은 장롱을
거실에 가져다 놓고

고마웠던 기억을
장롱 속에서 꺼내기도
차곡차곡 담기도 합니다

달라고 하는 물건을
뭐든지 찾아 주시던
요술 상자

열여섯의 고운 청춘
가득 담아 시집 온
사랑의 공간에
꿈과 한을 곱게 접어
한평생 간직해 온
기다림의 시간이 담긴 농
~
아픈 가슴을 쓸어 내듯
거친 세월의 숨결도 잠재운
무지갯빛 소망의 상자

달콤한 사탕이
색동 원피스가
할머니 손길에 딸려 나와

"이거 먹어!"
"이기 입이!"
목소리 들려오듯
긴 세월의 정이
고운 빛으로 물들어

텅 빈 가슴에
수채화를 그려 보는
그리움의 공간입니다

서랍 속 무거움을
모두 쏟아 내고
가벼운 깃털만 담긴
텅 빈 세월의 공간

반짝반짝 닦을 때마다
고마움의 순간순간을 이어 담아
꿈의 날개로 퍼덕이며 다가서 봅니다

애도 일기장

'이제, 그만 찾아'
'여기서 이렇게 부르고 있잖아'

기억은 나는데 찾을 수 없어
여기저기 찾다가 못 찾으면
펼쳐 놓고 만나는 애도 일기장

그때 그 순간을 떠올려
아팠을 마음을 헤아려도 보고
아픈 마음을 스스로 다독입니다

보고 싶은 날에는
영화와 음악을 얘기하고
공연하며 기뻐하던 다정한 눈길
꽃다발 같은 미소를 떠올려도 보고
기쁨의 소리인지
슬픔의 소리인지
그 음악에 귀를 대어 봅니다

잊히지 않는 기억들이
아프게 몰려들었다가
조금씩 사라져 간다 해도

추억을 따라 움직이는 마음

영원히 엄마와 함께하며
보고 싶고 그리울 때마다
어디서도 찾지 못하면
일기장을 펼쳐 소통하며

너는 그곳 저 세상 이야기
나는 여기 이 세상 이야기

선한 마음~ 고운 웃음
따뜻하고 정겨운 노래
사라진 것이 아닌
거기에도 있고
여기에도 있는 삶의 추억
네가 바라보고
생각했던 그만큼
세상 속의 아름다운 소리
추구했던 그 손길 그대로
희망의 노래로 흐르고 있잖아

아프면 아픈 대로- 그리운 만큼
떠오르는 이야기 나누며 가자

너와 나의 이야기는
여기 일기책에도 있고
호숫가에도, 바다에도 있고,
거기 산에도 있잖아
사라진 것이 아닌-
우린 그냥 이렇게 지구를 넘어
더 넓어진 우주의 공간에서

눈에만 안 보일 뿐
시간과 공간을 뛰어넘어
함께 하는 거라고!
아들이 보고 싶은 날은
일기장 속에서 아들과 만납니다

의사들

의사들!!
이번 기회에 버르장머리를
싹 고쳐줘야 한다고 하니, 조금 이상하지만
남편과 아들을 돌아보게 됩니다.

아들에게 주문합니다.
"말이 잘 안 통하는 여러 국적의 외국인 노동자와
 아직- 여기 생활이 낯선 새터민들도 많이 오지?~"
"네~ 우리 동네에는 특히 많아요."
"잘 모르는 곳에서 아프면 얼마나 갑갑하겠니?~
 설명도 잘 알아듣게 해 주고~ 따뜻하게 치료해 줘!"

예전에는 응급실에서 밤을 새우고 어쩌다 맷집 좋다며
대표로 불려 나가 성질 급한 보호자한테 매도 맞고
다음 날 출근해서 온종일 수술해도 힘들다는 말
들어 본 적이 없는데~
~
요즘은 응급의학이 생겨나 밤에 당직 일을 하면
다음 날 쉬어도 개업문제, 의료분쟁, 스트레스가 많은 과는
수입에 관계없이~ 얼른 하려고 들지 않는다고 합니다.
응급의학과 흉부외과 신경외과 일반외과 소아청소년과~
예전처럼 아기도 산모도 많지 않으니, 산부인과~ 이런 과를

먼저 하려고 많이 몰려야 발전하는 의료환경이 될 텐데요.

고생 안 하고 자라 온 탓도 있지만
문제가 적으면서 이익을 추구하는 분위기에서는
과목별 선호도의- 지역 간의 불균형- 시설과 전문성
비급여와 보험수가가 복잡한 관계로 얽혀 있기도 하고-
중한 병의 수술을 할 때 최신 의료설비와 의료진을
모두 갖췄다 해도 1년에 몇 번만 사용한다면
좋은 진료가 될 수 있을까요!

졸업 이후의 수련 과정도 입학과 졸업 그 이상으로
복잡한 이해관계와 합리적인 수련 과정을 위해서는
의대 입시 이상으로 힘든 상황에서~ 숫자만 가지고
1년이 넘도록 서로가 허둥대기만 하니~ 지금은 물론
앞으로의 정상화된 의료환경이 어떨지 걱정이 됩니다.

코로나 감옥에서 벗어나는 데 공헌한
'우그르 사힌' 부부의 바이오엔 테크처럼
의료과학이나 무서운 병에서의 해방을 위해
노력을 아끼지 않는, 그런 기초의학이나 꼭 필요한
중병을 치료하는 필수의료에 전념하는 의사들이
당당하게 뿌리내리는 환경 그런
건강한 삶을 지켜내려는 자부심이
망가지지 않도록 하는 장치도 필요해 보입니다.

남편 때는 9백 명~ 아들 때는 3천 명~ 지금도
수련과목을 선택하고 교육하는 과정이 쉽지 않은데
인구는 줄어들고 갑자기 절반도 넘는 매년 5천 명
그들의 졸업 이후 교육과정은 물론 어떤 혼란이 올지
일부 의사들 빼고 간호사는 물론 모두 다 찬성하는 증원
'일단 혼란을 거치면 살아남겠지~!' 하는
막연한 숫자의 정책보다는
~
지역별 전공별 교육 가능한 교육의 질을 생각한 후
부족한 부분을 보완한 양방의 민주적 의견교환의 바탕 위에
검증된 계획으로 순차적 증원을 하면 어땠을까요.

생명을 위한 필수의료 과목이 뒷전인 현실을 생각하면,
숫자만 가지고 해결될지도 의문이고 마취과 의사가
다 나가서 통증 의학으로 개업하면 모든 수술 현장에서
계획해 놓은 수술이 힘들지 않을까요!

일부 중병이나 생명과 크게 상관이 없는 과목이
필요치 않은 것은 아니지만 그 수고의 정도와
소중한 생명을 우선적으로 지켜 내려는
히포크라테스의 정신에 걸맞게 한쪽만을 생각하는
무조건적인 대립보다는 질 높은 의료환경의 조성도
의사들뿐만 아니라 정책적으로 필요해 보입니다.

숫자도 중요하지만 비급여와 보험가의 조절, 중병에 걸려도

얼른 가기 힘든 종합병원의 구조, 스트레스가 덜하고 비급여가 많은
인기 과에 많이 몰리고 꼭 필요하지만 일하기 힘든
필수과목은 뒤로 밀리는 안타까운 현실에서
사람을 살리는 데 심혈을 기울이는 사명감 있는 필수의료
과목의 의사들마저 도망가게 생겼네요.

보건소와 지역의료원 그 이상의 차별화된 공공-지역의료복지로
빅5 병원으로만 몰리지 않는 의료 정책!~~ 가능할까요?
이 세상에 내 몸은 하나인 만큼, 이왕이면 제1의 시설
좋은 병원은 물론~ 경험과 실력 있는 의사에게 환자가
몰리는 것은 당연하고, 그런 병원의 줄서기가
숫자만 늘린다고 원활한 진료로 이어질지는 의문이 듭니다.

올해 의사고시를 본 학생들은, 나이 많은 장수생과 외국의
제3 의대에서 공부하고 온 학생, 군대에서 보내 준 학생들이
많고, 우리의 의대 제도권 학생들은 공부가 아닌 정책에
휩쓸려 수업도 안 받았으니 의사고시에 참여할 수 없었고
학교가 멈추고 교육이 끊긴 상황에서 언제까지
의대 교육이 파행과 혼란을 겪어야 할지 답답합니다.

나날이 복잡해지는 종합병원의 기능을 살리고,
큰 병을 염려하는 환자들의 걱정을 덜어 줄 방법을
모색해 봐야 하는 시점에서~~
2천 명을 관철하든 1명을 늘리든
사람을 살리는 의사의 수와 그 질은

환자의 생명을 사이에 두고 서로의 이익과 다른 견해로
또 다른 진통을 겪어야 하나 봅니다.

의사들도- 환자도, 정부도- 학교도- 정당도- 여러 병원들~
모두를 동시에 다 같이 충족시키는 것이 어렵다면
환자를 먼저 생각하고 그 환자에게 전념할 수 있도록
의사들의 일할 수 있는 터전과 입장도 생각 안 해 볼 수
없는 현실에서 먼저 중요한 순서를 정해 놓고 모든 사람~
환자가 더는 다치지 않는 의료환경을 구축해 나가는 일은
나도~ 우리도~ 누군가가 만들어 전해 준 진통의 과정?
그 진통을 견디면 새 생명이 태어나듯
필수의료와 공공의료 정책도
무언가 어떻게 달라져 서로가 더 좋은 방향으로 하루라도
빨리 해결되기를 바라는 마음을 가져 봅니다.

시간이 흐르고 새로운 모습으로 달라진, 정상적인 교육과
파행으로 가고 있는 큰 병원의 진료가 언제쯤 정상화될지는
몰라도, 그동안 당해야 하는 불편과 새로운 적응,
억울한 생명이 다치는 아픔은 누가 보상해 줄 수 있을까요.

상실의 시작

상실의 시작은 새벽 2시에 울리는 전화벨 소리였습니다.
공포의 총성으로 울리는 섬뜩한 소리가 잠을 깨웁니다.
내 삶의 굴레에 전쟁이 났는가!
남편은 허겁지겁 응급실 당직의가 되어 뛰어나가
큰 목소리로 짧게 다급한 질문을 합니다.
"ㅇㅇㅇ?" "ㅇㅇㅇ?" ~ ~ ~ "알았다!"

이 세 마디에 곁에 있던 나는 벌벌 떨어야 할 시간도 잠시
"아이쿠~!" 심장이 '쿵' 소리를 냅니다.
전화벨 소리의 시작으로
울면서 만났던 41년 전 탄생의 축복으로 만난 그날과
정 반대가 되었습니다.
그때는 아기인 네가 울었는데
오늘은~ 엄마 혼자만 웁니다.

고요한 침묵의 통증을 삼키며 다른 길로 향해 가는
감정의 혼란 속에 슬픔인지 아픔인지 구분 안 되는
처절하고 가혹한 시간의 흐름과 멈춤이 반복됩니다.

전화도~ 질문도~ 만남도~ 대답도 싫고 혼자 질문하고
혼자 대답하며
끓어오르는 마음을 적어서 아들 폰으로 보내다가

다시 며느리 폰으로 묻고 답을 적어 보는 하루하루

해가 뜨고 달이 뜨고 모두의 일상은 다 정상인데
나 혼자만 바뀐 일상
달라진 세상의 느낌으로 49재를 숨어서 보내고
그다음은 저 하늘을 향해 부르면서 돌아다닙니다.

대답해 줄 아들은 없는데
매일매일 똑같은 질문만 지칠 때까지 계속합니다.
해도~ 해도 대답이 없으니
스스로 답을 씁니다.

"엄마, 미안해요!"
"많이 아파서 먼저 가요"
"엄마도- 이제는 그만, 아픔 내려놓으세요"
"그래야, 저도 편히 가지요"

감당 안 되는 상실감 앞에서
먼 과거로 거슬러 갔다 다시
현재로
영계로
보이지 않는
미래로
~~
시간과 시간 그 사이에

꾹꾹 찌르는 가시가 돋아
도망치고 헤매는 동안
삶과 죽음의 경계에서
설 자리를 잃어 갑니다.

결국은
상실의 존재를 인정하고 끌어안아야-
되는 것을-

병에 걸렸는데 안 걸렸다고 우겨 대면
어떻게 치료하고 나을 수 있을까요!

이마저도
부서지도록 아껴야 할 내 운명이라 여기며
아프고 가혹한 운명과도 함께 가려 합니다.

아들과 우리를 품어 준 속초

어제는
기쁨의 햇살에 빛나다.
오늘은
슬픔의 구름에 잠들다.
밤낮이 구르듯 햇살과 구름
바람과 비를 품어 온 영랑호수

내 짧은 눈에 보이지 않는
수많은 빗물과 눈물을 잘 섞어
미지의 빛깔로 바다를 바라보며
속초와 함께 수천 년을 지켜 왔을
영랑호수

어느 날은 화사하게 피어났다가
어느 날은
함께 울어 줄 듯
세월을 녹여 주듯
마음을 닮아 가는 영랑호

나도 호수가 되어
슬픔과 기쁨 잘 섞어
고마움의 빛깔로 출렁여 보자.

내 눈동자와
그의 눈동자
속초의 눈동자
기쁨과 성장을 함께한 35년

그의 마음에 품었던 호수는

눈물도 되고
웃음도 되고
노래로 담겨 출렁입니다.
- -- --

영랑호수를 만나기 전에는
대전에 살고 싶었습니다
그런데
서울로 이사 가야 했습니다
다시 마음이 바뀌어
서울에서 살고 싶어졌습니다.
그것도 잠시
속초로 이사 와야 했습니다

이리 가라면 이리로 가고
저리 가라면 저리로 가고
선택할 수 없는 운명의 지시에
떠밀려 다녔습니다.
~~~
아마~ 아들도~~
얄궂게 떠미는 운명의 지시에 따라
내가 이사 다녔듯, 복잡한 떠밀림에 의해
아들도 그렇게 일찍- 떠나갔는지도 모릅니다.

음악을 만들 때와 들을 때가 다른 것처럼
살다 보면 달라지기도 하는데
기다리지 못하고 떠난 아들이 너무 일찍
속초의 품에 영원히 안겼습니다.

처음 속초로 올 때 갈등하는 나에게

남편은 혼자 속초로 향하면서~~
말도 안 되는 말로 달래 줬습니다
"걱정하지 마, 바로 돌아올게." ~ "어떻게~?"
"일단 속초에 가면 게으름을 피울 거야~!"

"게으른 사람은 필요 없어. 도로 가~!"
그러면, 바로 돌아올 거라던
그 이상한 계획은 금방 물거품이 되었습니다.

원래 게으름과 거리가 있는 듯, 그 알맹이 없는 말을
조금만 믿었던 나는, 그래도 며칠은 기다렸지만

 한 달이 지나니
"여기 사람들이 너무 좋아!"
여섯 달이 지나니 "여기 속초가 좋아지고 있어!"
일 년이 지나니
"그냥, 우리 여기서 살까?"

옥색 물결에 눈부시게 빛나는 아침 햇살이
바위에 부서지는 풍경이 아름다운 영금정
매일 다른 빛깔로 불러내 친해지고 싶은 영랑호가
~ 편안하고 아름다운 쉼터로 다가와

'그래~ 여기 한번 살아 보자.'

아름다움의 깊이로 다가오는 영랑호수 옆에서
살기로 했습니다. 이런 결정에 아들은 자동으로 따라와
저녁을 일찍 먹은 날은 설악산 소공원 마당에서
줄넘기하며 깔깔대는 두 아들의 웃음이 권금성 위로 날던 저녁

산을 품고도 남을 것 같은 행복의 줄넘기를 돌리고 넘었던
여름날의 노을빛 저녁은 너무나도 짧았습니다.

특별한 줄넘기 공간만큼 기쁨의 웃음이 설악산을 타듯이
오르기만 할 줄 알았습니다
남편은 매일 "속초가 좋아!"
"속초 사람이 좋아!" 하며
신들린 듯이 일을 했고

나는 가까운 거리의 직장에서 가족과 함께 보내면서도
바쁜 시간이 행복이었다는 걸 그때는 미처 몰랐습니다.

뒤돌아보니 바쁘게 지나간 그 속에 행복의 포물선,
아름다운 추억만 출렁일 줄 알았는데-
때로는 슬픔의 눈물도 함께 담겨야 하나 봅니다.

푸른 하늘 잿빛 하늘 맑았다가 흐린 하늘의 물방울을
품어 안고 수천 년을 이어 온 호수의 오랜 출렁임을/
아들이 어찌 일찍 이별했는지를/
백 년도 안 된 내가 어찌 헤아릴까요?

~~~
7.8km의 둘레 8.5m의 깊이를 내 가슴이 어찌
담을 수 있을까요?
아들이 아끼던 세월
아들이 눕고 싶었던 세월
다 담겨 있는 영랑호수를
빙글빙글 돌면서 그 깊이를 들여다봅니다.

더 멀리 떠나간 선하고 착했던 아들과의 추억도
그 호수에 잠긴 듯
짙은 슬픔의 빛깔 깊이 잠들고 있을 그 마음을
호수에게 물어봅니다.

하늘빛과 구름의 빛깔 별빛 달빛 새들의 노래,
그리고 아들의 노래~ 더 알 수 없는 바람의 마음
수천 년 어린 물결을 품어 안은 호수

7.8km의 둘레를 얼마 전까지 함께 돌았고 지금은
만남과 이별 선택의 한계를 느끼며
지난 34년 아들과의 추억을 안고 빙글빙글 돕니다.

싫고 싶은 도시를 만나는 깃도
보고 싶은 사람을 만나는 것도
누군가를 갑자기 떠나보내는 것도
다시 그리워하다 잊어 가는 것도- 모두

마음대로 되는 게 아닌 가 봅니다.

부모를 결정하고 태어나는 것을 빼고는
내 맘대로 되는 줄 알았는데/
노력하면 얼만큼은 될 줄 알았는데//

호수에게라도 구걸하고 싶은 마음
'호수는 내 마음을 알겠지!'
호수와 나누듯이 빙글빙글 돕니다.

<u>'상실'을 받아들이는 공부</u>
<u>'이별'을 치료하는 방법을</u>
<u>경험하고 배운 적이 없어서</u>

만나고 헤어지는 것을 여러 번 해 보았어도
아들의 경우는 그런 만남이 아닌
엄마인 나로 인해서 만났고
엄마인 나로 인해서 세상과도 인연을 맺었는데
넓은 세상과 잘 만날 수 있도록
도와주지 못했다는 미안함이
상실감에 더해져 휘청거리게 합니다.

아들도 나처럼 그랬을까요
아픈 이별과 슬픔을 만든 미안함에 화장이라도 하듯
핑계를 대며 부끄러움을 적어 봅니다.

어찌 보면
날려버리기도 아까운 슬픔의 기억
그리움에 푹 빠져 허우적대다가
아픔이 좀 사라지면 다시 펼쳐도 보고
아들도 그렇게 볼 것만 같아서
일기를 쓰고
편지를 써서
며느리도 울면서 마음이 아플까 봐
엄마의 형벌처럼 묶어 두기로 했습니다.

그때 못 해 준 대답
그때 못 해 준 질문
아플 때 불러 주지 못한 것이 미안해서
분수처럼 치솟는 생각을 덜어냅니다.
아니 용서를 빌듯이 적어 나갑니다.

내가 이렇게 힘든 걸 안다면 아마도 아들은
"엄마, 제가 도와드릴게요."
금방이라도 말하며 다가올 것 같은데
언젠가 시간이 흐르면
영랑호수가 수천 년이 지나도 바뀌지 않았듯이
이들을 만나서 알려 줄지도 모릅니다.

영랑호수를 뛰어다니면서 곡으로 만들어
칠성조선소에서 열정 어린 연주를 하고

울산바위를 담아 희망의 노래로 만들며
꿈을 키워 가려고 했던 아들아!

40년의 영혼이 항상 그리워하고 있을
여기 속초에 남겨진
우리도 네가 꿈꿔 왔던 아름다운 소리의 꿈
선하고 정 많은 아들이 그려 온 아름다운 음악
그리움의 과정에 서서 느껴 보려고 합니다.

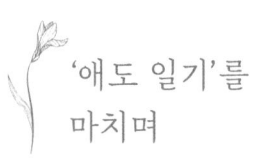
'애도 일기'를
마치며

속초의 눈동자- 영랑호와 청초호/
아들과 마주하고 있는 큰 바위 얼굴- 울산바위/
고운 빛 속초의 얼굴 같은- 영금정의 옥색 물결/

아름다운 풍경만큼이나 고마운 분들과 함께라서
눈 깜짝할 사이에 지난 35년의 세월.
친정어머니와 고향 금산의 선산에만 계셨던
친정아버지도 모셔 와
<u>2024년 5월에는</u>
사랑하는 아들마저 속초의 품에 영원히 안겼으니
이제는 돌아설 수 없는 제2의 고향이 되었습니다.

아름다운 소리만을 추구한 아들의 영혼이
속초 곳곳에 파도처럼 출렁이고
우리의 추억을 간직한 영랑호수-
아들이 영원히 잠든 봉포리의 그 산-
쉼 없이 출렁이며 흘러와 태평양으로 뻗어 가듯
함께한 희로애락의 긴~ 여정

그동안 가족의 아름다운 쉼터로 삶의 마지막 종착역이
되어 가고 있는 속초.
2024년 5월 아들과의 이별로 마음이 꺾여, 일어서지 못하고
힘들어하는 동안
무너져 내리게 하는 슬픔과 아픔만이 아닌
아들과의 추억을 따라~ 함께한 41년의
지난 시간을 뒤돌아보게 되었습니다.

태어나 처음으로 감당할 수 없는 충격과
뼈아픈 시련 앞에 서서 생각해 보니
그것은 분명히 운명과 업보에 의한 사고가 아닌
악령에 의한 실수일지라도
품어 안아야 하는 아픔이고
이겨 나가야 하는 애도의 과정이기도 합니다.

의지만으로는 감당하기 힘들어 휘청거리기도 하고,
집안에만 갇혀 그리움에 끙끙 앓기도 하다가
산과 호수와 바다만 도는 동안~ 생각도 빙글빙글
'애도'라는 단어를 떠올려, 주체할 수 없이 솟아나는
생각의 분수
고통만 주는 생각을 적어서 날려 보내고, 고마움만
남겨 두기로 했습니다.

'애도'라는 말조차 낯설었던, 저와 비슷한 상황에 부닥친
그 누구라도

이별과 떠남을 받아들이지 못해/ 반항하고 분노하다가/
슬픔을 끌어안고 뒹굴다가/ 파도를 받아들이는 바다처럼
슬픔이 흘러 또 다른 빛깔을 거치면서 치유해 가는 장면
이별의 기억을 적어~ 감싸서 추억하고 싶었습니다.
사람에게 직접, 말할 수 없는 상실의 통증과
애도 과정을 일기장에 적어 호수와 산, 하늘과 바다,
별과 우주 속 허공에서 마음을 교감하기도 했습니다.

마음을 전하지 못하고 떠난 아들에게, 엄마의 마음을
이렇게나마 전해 주기 위해서
아들의 아팠던 마음을 상상으로나마 나누고 싶어서,
뒤늦게 미안한 이름을 부르며 1년 동안 쓴 애도 일기
엄마의 마음이라 묶어서 첫 기일 날 아들에게 다가가
전해 주려고 합니다.

〈애도〉
처음 당한 충격과 상실감에 비틀거리며 통증을 감당할 수 없어
세상이 무서워지는 병/
코로나도 아닌데 몸이 아픈 것보다 더 심한 마음의 열병으로
숨어 있어야 했던 병/
치료 약도 방법도 몰라 도움을 받고 싶어도 슬픔 때문에
접근이 편치 않은 병/
언제까지라는 기한도 없이 시름시름 가슴이 타들어 가는 병/

아들 잃은 죄인 같은 마음을 어찌할 수 없어- 과거로의

어둠 속 터널에 갇혀 절규하다, 내가 아닌 다른 사람이
되어 가는 약도 없는 상실이란 병 앞에서,
더 오래 쓰러져 있지 말고
일어나 걸어 나갈 수 있도록 따뜻한 용기로 다독여 주신
고마운 분들의!~ 잊으면 안 되는 마음을 적어 놓고
고마움으로 슬픔을 채우고~ 고마움을 배워도 봅니다.

〈고마움〉
눈물과 고통 속에서도 따뜻한 격려로 잘 참아준 가족들/
집 현관문 손잡이에 식혜와 음식을 걸어 두고 간 지인/
빨갛게 잘 익은 과일과 체리를 따다가 전해 주신 지인/

다친 마음을 사랑의 기도로 인도해 주신 목사님과 스님/
먼 도시에서 달려와 슬픔을 함께 나누려 애써 준 친구 /
불편한 어깨로 맛있는 무김치를 만들어 주신 장 선생님/

펼쳐 놓았던 꿈을 정성껏 마무리해 주신 친구와 선배님/
작업실의 많은 음악 작업을 USB에 담아 전해 준- 친구/
두 밤을 꼬박 새워 작업실을 세팅해 주신, 극단 대표님 /

영원히 머무를 집을 정성으로 만들어 주신, 묘지 사장님/
아픔을 나누고 낙산사에 20년간 등불을 켜 주신 친구들/
바쁜 일도 뒤로 하고 먼 길 달려와 애도해 준 친구 지인/

아들과 따뜻한 교감으로 애도하며 책 편집을 도와준 친구/

따뜻한 위로와 함께 성심껏 상속일을 도와주신 회계사님/
꽃그림 선물로 어두운 마음 공간까지 환하게 해주신 선생님/
그리고 슬픔의 끝자락에서 애도 일기를 통해서라도
세워보고 싶은 마음을 따뜻하고 친절하게 도와주신
좋은땅 편집, 디자인 과장님께도 감사의 인사를 드립니다.
말없이 따뜻한 눈길로 다가와 마음과 손을 잡아 주신
좋은 분들과 함께라서, 큰 고마움으로 슬픔을 누르고
아픔의 자리를 채우며 일어서는 중입니다.

이제껏 전해 받은 따뜻한 사랑의 힘과 용기를 마중물로
용기를 전해 받는 모습에서-
용기를 전해 주는 모습으로- 변해 가야 하는 이유
이대로 무너지면 안 되는 이유도 찾아보게 됩니다.

오직 한 사람의 모습만 떠오르고, 아무것도 보이지 않아,
매일 같은 슬픔만을 쏟아 내는 것 말고는 아무 말도
하기 싫고, 생각할 수도 없는 내게, 말없이 곁에서
힘든 과정을 지켜봐 주며, 어둠을 걷어 내고 밖으로 나와
햇살을 보며 걸을 수 있게 도와준 고마운 친구.
모두 다 속초의 아름다운 풍경만큼이나
아름다운 사람을 느끼게 해 주었습니다.

〈희망과 용기〉
피어나려던 여린 꽃망울이 거기서도 잘 피어날 수 있도록
응원해 주고 서로가 편안한 영혼으로 머무를 수 있는

슬픔도~ 아픔도~ 일상으로 변해 가도록 함께하면서,
많이 놀라게 했던 잔인한 2024년 5월~
그 아픈 자리에 맞서 보려고 합니다.

그렇게라도 힘을 내어 일어서야만
아름다운 소리만 추구하다 홀연히
우리 곁을 떠난 아들을 사랑할 수 있는
또 다른 방법이 어딘가에 있을 거라는
희망의 길도 찾을 수 있을 것 같아서,
부끄러움을 무릅쓰고 힘들었던, 1년 동안 피맺힌 마음의
변화 과정을 담은 '애도 일기'를 펼쳐 보이기로 했습니다.

어찌 보면 지겨울 법도 한 슬픔의 이야기를 인내심을 가지고
끝까지 들어 주셔서, 새로운 마음의 공간을 만들어 주신
모든 분께, 미안하고 고맙다는 말을 새겨 놓아야 할 것 같아
아니, 오래오래 기억하고 싶어서 여기에 적어 둡니다.

일호와/ 일호의 음악을 아끼고 사랑해 주신 많은 예술 가족
여러분, 그리고 저와 가족을 위해서 마음 써 주신
모든 분께 보여 드려야 할 모습과
어떻게- 함께 나아가야 하는지 마음을 가다듬으면서 쓴
'애도 일기'가 ~ 아직도 진행 중이지만

누구라도 비슷한 상실의 아픔을 당한 분들께, 먼저 상실을
겪어 낸 아픔의 과정이, 또 다른 슬픔의 영혼과 동행하듯

일상으로 향하는 치료와 용기의 마중물이었으면 합니다.

혹독한 상실의 순간에도~ 솟아오르는 슬픔을 딛고~
만남 만큼 소중한 이별도 똑바로 보고 기억하는 용기~!
그 희망 같은 용기를 만들어
조금은 아픔의 통증을 지워 가는 지우개도 되었으면~!
하는 마음도 가져 봅니다.

2022 칠성조선소 특별전시 Special Exhibition of Chilsungboatyard

Landscape Sokcho, Breath!
랜드스케이프 속초, 숨!

속초의 풍경과 피아노

장일호 음악감독과 함께하는 OST 한옥 콘서트

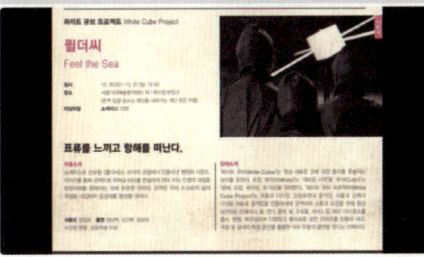

'White Cube Project-Feel The Sea 음악 [장일호/ ILHO JANG] [공연음악/무용음악]Modern Dance music]

'범죄도시' 반도' 작곡가의 영화같은 재즈피아노 트리오 [YESTERDAY MV Teaser #2][장일호/ILHO JANG]

'White Cube Project- signal' finale music- 음악 [장일호/ ILHO JANG][무용음악]

'SOUND FISHING' [장일호/ILHO JANG] Object Tracking Music [서울문화재단 2013 다원예술 지원선정작]

[누/비] Landscape Sokcho #9 DEEP WATER & MOON [랜드스케이프 속초 /필링음악 /속초바다 접사맵]

애도 일기

ⓒ 안순종, 2025

초판 1쇄 발행 2025년 5월 20일

지은이	안순종
펴낸이	이기봉
편집	좋은땅 편집팀
펴낸곳	도서출판 좋은땅
주소	서울특별시 마포구 양화로12길 26 지월드빌딩 (서교동 395-7)
전화	02)374-8616~7
팩스	02)374-8614
이메일	gworldbook@naver.com
홈페이지	www.g-world.co.kr

ISBN 979-11-388-4276-1 (03810)

- 가격은 뒤표지에 있습니다.
- 이 책은 저작권법에 의하여 보호를 받는 저작물이므로 무단 전재와 복제를 금합니다.
- 파본은 구입하신 서점에서 교환해 드립니다.